中公文庫

中華文人食物語

南條竹則

中央公論新社

目次

中華文人食物語

はじめに

食べることは生物にとって一番大事な営みであるのに、人間は不思議な生物で、飲食のことを云々《うんぬん》するのははしたないと考える風が、日本にも西欧などにもあった。

食文化の大国・中国でも、君子は庖厨《ほうちゅう》を遠ざくといい、悪衣悪食を恥ずるような者とは共に語るに足りない、という。

しかし、この国の人々は飲食について、日本人ほど寡黙ではなかった。ことに知識人がそうである。もっぱら飲み食いのことばかりを喋々《ちょうちょう》するのは、やはり上品な振舞いとは見なされなかったが、話のついでに語る分にはかまわない。されば、孔子・孟子をはじめとして、政治家でも、詩人でも、画家でも、文章家でも、古来食をまったく語らない人は稀《まれ》であり、大いに語る人は沢山いる。また本人が語るかどうかは別として、有名人に仮託した料理書が書かれたり、かれらにまつわる伝説がつくられたりする。

わたしは中国料理が大好きで、中国の食べ物のことを大いにお話ししたいのであるが、やはりいくらか偏見があるのか、それとも才能が乏しい故か、食事のことばかりではどうも面白い文章が出来ない。そこで彼《か》の地の有名人、ことに文人とのかかわりを中心に据えて、食べ物随筆を書こうと思った。飲食に縁の深い文人は大勢いる。たとえば、杜甫、白楽天、蘇東坡、陸游、李漁、蒲松齢、朱竹陀、鄭板橋、李調元、袁枚、曽寅——

実際に書いてみると、話が文人のことからそれてしまい、食物漫筆に終始したものもいくらかあるが、杯片手に読むことも出来る軽装の本だ。独酌の肴《さかな》にでもしていただければ有難い。

中国略図
N
黒龍江省
吉林省
長春
内蒙古自治区
瀋陽
遼寧省
丹東
遼東湾
包頭
北京
天津
五台山
河北省
銀川
太原
石家荘
煙台
棲霞
寧夏回族自治区
黄河
山西省
済南
淄博
濰坊
高密
青島
泰山
泰安
山東省
蘭州
河津
黄海
魚台
曲阜
鄭州
開封
甘粛省
連雲港
西安
洛陽
徐州
陝西省
河南省
江蘇省
揚州
南京
鎮江
常熟
宜城
合肥
溧水
蘇州
上海
成都
四川省
萬県
湖北省
武漢
安徽省
湖州
江陵
黄岡
杭州
寧波
長江
荊州
眉山
東陽
重慶
浙江省
永修
南昌
長沙
湖南省
江西省
武夷山
貴州省
福建省
福州
貴陽
台北
厦門
台湾
広東省
広西壮族自治区
台南
広州
南寧
香港
台山
澳門
海口
南シナ海
海南省

東坡肉

黄州の豚肉

古来食べ物について語った数多《あまた》の文人のうちでも、「老饕《ろうとう》」（食いしん坊）を自称した蘇東坡《そとうば》（一〇三六～一一〇一）は、抜きん出た存在である。

この人は食べることや飲むことを詩文に書いたのみならず、その名の冠せられた料理がたくさんある点に於いて、他の追随を許さない。たとえば、東坡魚、東坡豆腐、東坡羹、東坡酥、東坡肘子、東坡腿、東坡墨魚、東坡餅、東坡鯽魚——ことに「東坡肉」は、華夏《かか》のみならず、我が国でもお馴染みの中華料理の一品だ。

この料理にまつわる逸話も有名だから、たいていの人は御存知だろう。

蘇東坡の名は蘇軾《そしょく》、字《あざな》は子瞻《しせん》。北宋の末の頃、現在の四川省眉山に生まれ、科挙の殿試という試験に受かって宮仕えをはじめた。鳳翔府簽判《せんばん》を皮切りに杭州の通判、密州、徐州、湖州の知事などを歴任し、一時は礼部尚書（文部大臣）にまで出世したが、政争の激しい当時の官界では身の浮き沈みも激しく、何度も左遷の憂き目を味わった。その最初は四十四歳の時、朝廷を謗《そし》る詩を作った疑いで投獄され、死刑は免れたが黄州というところに流された。

そこでは「黄州団練副使」という役職を一応はあてがわれたものの、俸禄はなきにひとしく、一家して貧乏に苦しんでいた。馬夢得《ばぼうとく》という人がこれを見かねて、空き地数十畝を役所から借り受け、耕作できるように計らってくれた。蘇軾はこの土地を「東坡」と名づけ、やがて自らも「東坡居士」と号したのである。

黄州は現在の湖北省黄岡。揚子江のほとりの町で、武漢よりもやや下流に位置する。この地は世にいう〝魚米の郷〟で、名高い武昌魚の産地でもある。物産豊富で豚肉が安く、貧しい蘇東坡先生も豚肉だけはたっぷり食べることができた。

それで、戯れに「食猪肉詩」というものを作った。

黄州好猪肉
價錢等糞土
富者不肯喫
貧者不解煮

慢着火
少着水
火候足時他自美
毎日起來打一碗
飽得自家君莫管

黄州のうまい豚肉
価《あたい》は糞土にひとし
金持ちは食べようとせず
貧しき者は煮方を知らぬ
火はとろ火
水は少し
火候《かこう》足る時　おのずから美《よ》し
毎日起きて一碗やるが
吾輩がたらふく食うのだ　君はかまわんでくれ

この逸話は宋の周紫芝《しゅうしし》が書いた『竹坡詩話』に載っている（詩も『竹坡詩話』四庫全書版から引用した）。

周氏曰く――後に『雲仙散録』という書物を読んでいたら、「火候足る」という文句があった。どういう文脈にか、というと――仙人・黄昇は日に二斤の鹿肉を食べる。朝から日が沈むまで肉を煮て、ようやく火候が足る（煮る時間が十分）というのである。さすがに蘇東坡先生は、こんな戯れの詩をつくるにもちゃんと故事を踏まえていらっしゃるのだ、と。

豚ばなし三題

「食猪肉詩」はわたしなども、「東坡肉」といえば思い出す。そして、しばしば考えたのは、「富者不肯喫」という一句についてである。黄州の金持ちは、なぜ豚肉を食べようとしなかったのだろう？

それについて、こういう説がある。

蘇東坡は黄州に流されたとき、陳季常《ちんきじょう》という人とつきあっていた。季常は蘇東坡の友人であり、弟子でもあった人で、黄州から北にやや離れた岐亭鎮に住んでいた。

蘇東坡は「岐亭五首」という詩の序に、こんなことを記している。

元豊三年正月、彼が初めて黄州に流され、岐亭の北二十五里の山上に至ったとき、白馬青蓋《はくばせいがい》で迎えに来た者がいる。すなわち、旧友陳季常であった。蘇東坡は彼のもとに五日留まり、詩一篇を賦《ふ》して去った。

翌年正月、また季常に会いに行った。季常は人をよこして道中を労《ねぎら》った。蘇東坡は久しく殺生を控えていたので、季常が自分のために家畜や家禽を殺すことを恐れ、殺戒の詩を作って彼に贈った。季常はこれより殺生をやめ、岐亭の人も多くこれに感化されて、肉食をしなくなった者もいる、云々……

「富者不肯喫」の一句はこのことを指しているのではないか、というのが、『烹調小品集』の熊四智《ゆうしち》氏が述べる見解だ。

だが、わたしにはこれはいささか迂遠《うえん》な説のように思われる。人々が肉食をやめたというのは岐亭の話であって、黄州の話ではない。それに、殺戒の詩をつくった当の御本尊が豚肉を煮ているというのも奇妙なことだ。もっとも、蘇東坡は儒仏道の教えの間をはなはだ人間的に、融通無碍《むげ》に往来した人であって、不殺生を守ったり放生をしたりもするが、また平然と肉を食べもした人だから、その点はかまわないのかもしれない。それでも、「食猪肉詩」の文脈では、やはり「富者」は特定の人たちではなく、富める人一般を指しているように読める。その人たちが豚肉を卑しんだのは、ひとつには黄州が魚の産地だということもあろうが、豚肉自体が、肉の中でも下等のように思われていたのだ。

　そのことをハッキリと指摘したのは、張競《ちょうきょう》氏の『中華料理の文化史』である。宋代、上流階級の間では、遊牧民族の文化に影響されて羊肉が尊ばれ、豚肉は卑しい食べ物とみなされていたことを、同書（第五章）はさまざまな文献を挙げて証明している。

　とすると、この「食猪肉詩」は中々恨みのこもった詩のように読めなくもない。自分は貧しいのでこんな豚肉くらいしか口に入らぬが、その豚肉を見下して食わぬ連中がいる。しゃつらはお上品な料理に食べ飽いているのだ、畜生め、と。わたしだったら、きっとこういう、けち臭い心で詩を詠んだであろう。だが思うに、蘇東坡にはそんなヒネマガッタ根性はなかった。むろん、富者の奢りを揶揄《やゆ》する気持ちはあったろうが、それよりも詩人は昔の仙人を思い、俗人が顧みぬ味覚に仙境の悦楽を見出しているようである。

彼の豚肉好きについては、色々な話が伝わっている。

くだんの『竹坡詩話』に曰く——蘇東坡は「焼猪」（焼き豚）が好きだった。仏印《ぶついん》禅師が金山寺の住持をしていたとき、いつも豚肉を焼いて蘇東坡を迎えた。ところが、ある日、肉を人に盗み食いされてしまった。蘇東坡は戯れに詩をつくった。

遠公沽酒飲陶潛
佛印焼猪待子瞻
採得百花成蜜後
不知辛苦爲誰甜

遠公（恵遠和尚）沽酒《こしゅ》して陶潜に飲ましむ
仏印　猪を焼いて子瞻を待つ
百花を採《と》って蜜を成すの後

知らず　辛苦　誰のために甜《あま》きかを？

金山寺は揚州の対岸、鎮江にある。してみると、これは蘇東坡が揚州の知事だったとき（五十七歳）の話ということになる。

『賢奕』という書物に載っている次の話も有名だ。今、陶文台《とうぶんだい》氏の『中国美食経』に拠《よ》って紹介する。

蘇東坡が岐下（鳳翔府）にいたとき、河陽の豚がはなはだ美味《うま》いと聞いて、人をやって買いに行かせた。ところが、使いの者が晩に酒を飲んで酔っ払い、その間に買った豚が逃げてしまった。使いの者はかわりに別の豚を買ってごまかした。

それを料理して客に食べさせたところ、客たちは「さすがに河陽の豚だ、よその豚は及びもつかない」と口々にほめた。ところが、あとで本当の事がわかり、客はみな恥じ入ったという。

劉暢《りゅうよう》編『中国飲食趣話』に載っている話は、話の舞台を鳳翔府と河陽から杭州と東陽に移し、細部も少し異なる。それによれば、蘇東坡が杭州にいたとき、東陽の豚を買いにやり、買出し人が同じようなズルをする。客は豚肉をほめたが、蘇東坡だけは味がふつうの豚肉と変わらないのに気づいて、買出し人を問いただした。買出し人はシラを切ったが、逃げた豚を近くの人が捕まえてきたので、嘘がバレた、ということになっている。

これらはみな他人が書いた逸話にすぎないけれども、詩人自身の文章にも豚肉好きを示すものがある。たとえば、「節飲食説」という一文には、こうある。

東坡居士自今日以往、早晩飲食、不過一爵一肉。有尊客盛饌、則三之、可損不可增。有召我者、預以此告之、主人不從而過是、乃止。一日安分以養福。二日寛胃以養氣。三日省費以養財。元豊六年八月二十七日書。

東坡居士は今日から朝晩の飲食に一爵一肉を過ごさないことにする。お客があって、もてなさねばならぬときは、これを三倍にするが、それより少なくても良いけれど、多くてはいけない。自分を招く者があれば、あらかじめこの旨を告げておき、主人が従わずに余分な御馳走を出すようなら、食事を止めてしまう。こうするのは、ひとつには安分を以て福を養う。二つには寛胃を以て気を養う。三つには省費を以て財を養うのである。元豊六年八月二十七日しるす。

元豊六年八月といえば、彼はまだ黄州にいたから、ここにいう「一爵一肉（一杯の酒、一碗の肉）」の肉は豚肉だろう。何はなくとも豚肉だけは食べたのだ（元符三年八月とする異本もあるが、今は『東坡先生全集』に従う）。

『東坡志林』（「誦経帖」）には、蘇東坡が肉を食べてから経を誦《よ》むので、ある人が止《よ》しなさいといった。そこで水で口を漱《すす》いで誦んだが、「一碗の水くらいでどうして漱げようか」といわれたという話が載っている。

竹なくば人はあぶらぎる

さて、蘇東坡は役人として中国の各地をまわり、左遷も度々されたおかげで僻遠《へきえん》の地も訪れた。こういう豚肉好きの先生だから、行く先々で豚を煮て食べたことは疑いない。されば、「東坡肉」と称する料理は出身地の四川をはじめ、黄州、杭州、海南島と、彼に縁《ゆかり》のあるさまざまな土地で名物にしている。

景麗娟《けいれいけん》主編『中国美食遊』によると、河南省開封にも「東坡肉」という料理があるそうだ。

蘇東坡が竹を愛したことはよく知られているが、開封の言い伝えでは、ある時、文人の酒宴の席で次のような詩を賦《ふ》したという。

無竹令人肥
無肉令人痩
不肥又不痩
竹笋加猪肉

竹なくば人はあぶらぎる
肉なくば人は痩せこける
あぶらぎりも、痩せこけもしないのは
竹笋《たけのこ》に豚肉を加えた料理

それ以来、笋《たけのこ》と豚肉を取り合わせた料理が文人墨客の間に流行《はや》り、「東坡肉」の名で今日に伝わっているのだそうな。

同じく『中国美食遊』に載っている湖北省武漢の「東坡肉」は、冬笋と菠菜《ほうれんそう》と豚の三段肉などを材料にする。「冬」は「東」、「菠」は「坡」と音《おん》が通ずるからだ。

藁にくるまれた「東坡肉」

江西省の「東坡肉」に関しては、『中国飲食趣話』にこんな話が載っている。

江西省の北、永修のあたりでは、宴会があると、まず初めに大碗二つに盛った和菜(色々の具をまぜあわせた料理)が出る。これは〝和睦〟(なかむつまじく)を象徴しているのであるが、そのあと、藁《わら》にくるんだ豚肉の塊が出て、ナイフで藁を切って食べる。当地ではこれを「東坡肉」と呼ぶ。それにはこんな故事があるのだという——

蘇東坡がある年の夏、永修の艾城《がいじょう》というところにやって来た。おりしも三伏《さんぷく》で暑い盛りだった。道端に大きな楠の樹があったので、その樹蔭で涼みながら本を読んでいると、泣き声が聞こえた。

見ると、　人の農夫が赤ん坊を抱えて走って来る。そのあとに女が泣きながらついて来る。どうやら赤ん坊が病気になったらしい。蘇東坡は医者ではないが、多少医書を読んだこともあるから、「わたしに見せてごらん」と言った。

赤ん坊は暑さにあたったようだった。そこで地面に寝かせ、楠の葉を取り、鼻の下にあてがって介抱してやると、やがて赤ん坊は「ワア」と泣きはじめた。

赤ん坊が元気になったので、農夫は喜び、蘇東坡を家に招いて、三日間もてなした。

ある朝、農夫は豚肉を買い、藁につつんで提《さ》げて来た。客人に食べさせたいが、どんな風に料理するのが良いか訊いてみようと思い、彼の部屋に行った。

そのとき、ちょうど蘇東坡は露に濡れた朝の景色が良いので、東の窓に向かい、詞《ツー》を書いているところだった。

「先生、この肉をどうやって召し上がりますか」

農夫がきくと、詩作に夢中だった蘇東坡はつぶやいた。

「禾草珍珠透心香……」

農夫には彼がこう言ったように聞こえた。

「和草整煮透心香」

すなわち、〝肉を草と一緒に煮込み、心《しん》まで熱が透《とお》るようによく煮る〟と言ったのだと勘違いしたのである。それで、豚肉を藁とともに煮た。

蘇東坡はできあがった煮込みを見て、藁が入っているのに驚いたが、わけをきいてみると、自分の言葉を聞き違えたということがわかった。笑って肉を食べたところ、藁の香りが染みていて、たいそう美味だった。以来、この話があたり一帯に伝わり、この地方では「東坡肉」と言えばこういう料理を意味するようになったのだそうな。

杭州名菜「東坡肉」

このように色々ある「東坡肉」の中でも、もっとも有名なのは、浙江省杭州のそれだ。「東坡肉」と称する料理は明治時代の日本にも伝わっていて、明治末に出た村井弦斎の『食道楽《くいどうらく》』にも登場する。その製法は、胡麻油を使うところが少々〝和風中華〟臭いが、基本的に杭州の製法である。

この名菜についてはこんな話が伝わっている。

黄州に流された蘇東坡は、神宗皇帝の死後政界に復帰し、知府として杭州（当時の臨安）に赴いた。その頃、臨安の西湖には真薦《まこも》が茂り、湖の大半が埋まっていた。蘇知府は人々を動員して湖を浚渫《しゅんせつ》し、掘った泥で湖中に長い堤をつくり、橋を架け、風致を一新した。この堤は「蘇堤」といわれ、いわゆる「蘇堤春暁」は今日なお西湖十景の一つに数えられている。

人々はこれを喜び、翌年の春節に感謝の気持ちをこめて、酒と豚肉を蘇東坡に贈った。蘇東坡は肉がたくさん来たので「東坡肉」をつくり、返礼として人々に与えた。以来、この料理が当地の名物になったという。

戴寧《たいねい》主編『杭州菜譜』によると、この時、蘇東坡は酒と肉の煮込みを人々に贈れと家の者に言いつけた。すなわち、〝酒〟と〝肉の煮込み〟というつもりで言ったのだが、家人は誤って肉と酒を一緒に煮込んだ。そのため、特別に香り高い風味の煮込みになったという。

豚を煮るとき調味料に何を使ったかは「食猪肉詩」にも書いていない。されば、「東坡肉」の味つけに関しては、何が正しいと決めつけることはできまい。各地の「東坡肉」は自ずからその土地土地の好みの味になっているだろう。

『杭州菜譜』の製法では、豚肉を四角く切り、砂糖、醤油、紹興酒を加えて煮込んだ後、蒸している。砂糖は相当入れるようで、一般に杭州の「東坡肉」は甘口である。

数年前、彼《か》の町へ行ったとき、「楼外楼」「山外山」など名料理店を何軒もまわった。地元の知人がもてなしてくれたのだが、どこに行っても、小さい焼き物の器に入った

「東坡肉」が出てきた。そして、どこのも甘口だった。そのまえに台北の「極品軒」という浙江料理屋で食べたものも甘かったから、この味つけが彼の地の好みなのだろうと思った。

杭州の「東坡肉」は、甘くてもバランスの取れた味つけだからよろしい――東京風の鯖の味噌煮などと似ている。

日本で食べる「東坡肉」はおおむね甘くないが、これもつくる人それぞれの持ち味だから、かまわない。ただ、油が抜けたのはいただけない。和風の〝豚角煮〟は一種の「東坡肉」だと思うが、時々、油を抜きすぎてパサパサになったのに出くわす。ああいうのは御免である。

灯下の一碗

杭州では「東坡肉」の変形というべきものもいくつか味わった。

その一つ、「東坡鹿肉」は、名料理人胡《こ》忠英《ちゅうえい》氏が総経理をつとめていた「南方大酒家」で「仿宋宮廷御宴」という宴会をしたおりに供された。前述の『竹坡詩話』に見える黄昇の故事にちなみ、豚の代わりに鹿の胸肉を煮込んだものだった。

同じ「南方大酒家」の「金牌扣肉」は豚肉だが、正方形の肉塊の真ん中が高々と盛り上がり、一ミリ程の厚さに切られた肉が、稜角もくっきりと、中央の頂点に向かって段をなして、まったくピラミッドのようである。これは「東坡肉」をいったん冷やしてから、こまかく包丁を入れ、形をととのえた後にまた蒸すのだ。〝金牌〟と称するのは、この一品で「南方大酒家」の料理人が、一九九六年、第二回中国烹飪世界大賽の金牌（金賞）をとったからである。わたしは劉国銘氏がつくったのをいただいたが、その見事な包丁さばきには舌を巻いた。

しかし、それほどの超絶技巧を用いなくとも心をそそるのが、この料理である。

十数年前、上海に行ったとき、料理人のI氏とS氏が薬材を買いに行くお伴をしたことがある。その日、両氏は知り合いの薬種屋の自宅を訪ねた。その家は旧日本租界の外れにあって、川を渡ったところに、赤煉《あかれん》瓦《が》の荒涼とした街並が果てしなく続いていた。美しい洋館の立ち並ぶ一画に宿をとっていたわたしは、何とも殺風景な場所に来たものだと思った。おまけに冷たい風が吹いていた。あまりに寒いので、わたしたちは街角で煎餅《ジェンピン》を買い、熱々《あつあつ》の餅《ピン》をハフハフいって食べた。目当ての家に行くと、お嫁さんが出てきて、二階から薬種屋氏を呼んだ。その人は七十歳くらいの温厚そうな老人で、さっそく品物を引っぱり出してきた。わたしには薬のことは皆目わからなかったが、恐竜の卵のかけらだの、ズッシリと重い馬の胆石だのを見せられて、好奇の目をみはった。

もう夕方で、老人は食事をして行けと言ってくれた。わたしたちは別に約束があったので謝辞した。帰り際に、ふと傍らの机を見ると——お嫁さんが老人の夕食を運んで来たのだろう。山盛りの御飯と青菜の炒め、一碗の豚の角煮、それに紹興酒の徳利が一本、裸電球の下に並んでいた。角煮はやや色が薄く、八角《はっかく》の良い香りが漂っていた。

そのあと、わたしたちは車で繁華な街中へ行き、開店して間もないさるレストランで豪勢な食事をしたが、何を食べたかほとんどおぼえていない。わたしの頭の中には、それよりも、あのおじいさんの机においてあった老酒の徳利と肉が鮮やかに残っている。あの豚肉で一杯やった酒は旨かったろうなア——今も時々そんなことを思う。

人間の記憶と欲望は、実におかしな具合に出来ている。

「肉」は「肉」でも……

李漁《りぎょ》の『閒情偶寄』に曰く――〝東坡肉〟という名をうっかり聞くと、豚肉ではなくて蘇東坡の肉のように聞こえる。ああ、蘇東坡に何の罪があって、その肉を割《さ》き、千古の人の空《す》きっ腹を満たすのか？

そう、この人の言うことには一理ある。

「麻婆豆腐」なら麻婆がつくった豆腐、「宋嫂魚」なら宋嫂が料理した魚だと、たいていの人は思うだろう。しかし、肉という言葉は微妙だ。「西施舌」が西施の舌であるごとく、「東坡肉」も〝蘇東坡の肉〟と聞こえないこともない。

あるいは、李漁の文章にヒントを得た誰かが言い出したのだろう――王一奇《おういっき》編『中国食品伝説』にこんな話が載っている。徐飛《じょひ》という人が採集整理したとあるから、杭州あたりの民間の言い伝えとおぼしい。

蘇東坡が杭州の通判をしていたとき、人々は彼を慕って、料理屋という料理屋が「東坡肉」を供した。そこへ彼の政敵である御史が身分を隠して杭州へやって来た。蘇東坡のあらをさがして、彼を陥れようというのであった。

杭州に着いたその日、御史は料理屋で昼飯を食べた。給仕人の持ってきた菜単《メニュー》を見ると、第一番目に「東坡肉」と書いてある。彼は眉を皺《しわ》めてしばし考えた後、嬉しそうにテーブルを叩き、「この一番目の料理を持って来い」と大声で叫んだ。

「東坡肉」を食べてみると、なるほど、悪くない。給仕人にきくと、この店の自慢料理だという。御史はそこで杭州の料理屋という料理屋の菜単を集め、ホクホクして都に帰った。

都に帰ると、彼はさっそく皇帝に拝謁して、こう言った。

「陛下、蘇東坡は杭州で法を枉《ま》げ、悪事の限りを尽くしております。民衆は奴を憎み、奴の肉を食わねばおさまらぬという気持ちでおるのです」

「どうして、それがわかるのだ？」と皇帝はたずねた。

御史はそこで、油まみれの菜単の山を皇帝に見せた。果たして、どれを見ても「東坡肉」「東坡肉」と書いてある。皇帝陛下は暗君だったから、「なるほど、そなたのいう通りだ」ということになり、聖旨が下って、あわれ蘇東坡先生は海南島に流されてしまったのだそうな。

追記――「食猪肉詩」は、本によって随分字句が異なっている。項煜《こういく》の序がついた『東坡先生全集』を底本とした孔凡礼《こうはんれい》点校『蘇軾文集』では、こうだ（今、句読点を日本式に改めて引用する。文中の「節飲食説」も同様）。

猪肉頌

淨洗鍋、
少著水、
柴頭罨烟焰不起。
待他自熟莫催他、
火候足時他自美。
黄州好猪肉、
價賤如泥土、
貴人不肯喫、
貧人不解煮、

早晨起來打兩椀、
飽得自家君莫管。

鍋をきれいに洗い、
水は少し、
柴頭《たきぎ》が烟《けむ》って焔は起たぬように。
しぜんに熟すのを待って、催してはならぬ、
火候足る時、おのずから美し。
黄州のうまい豚肉、
価は賤《やす》きこと泥土のごとし、
貴人は食べようとせず、
貧人は煮方を知らぬ、
朝早く起きて両椀を食する、
吾輩がたらふく食うのだ、君はかまわんでくれ。

文庫版追記――文中に触れた開封の東坡肉は、その後同地を訪れた際、「又一新」という老舗レストランで味わうことができた。料理名は「清湯東坡肉」とあり、筍の薄切りと豚肉の入った、さっぱりしたスープだった。

蘿《ら》蔔《ふく》漫談

大根売りの呼び声

街の物売りの声というのは、いずれの国にもかつてあり、いずこでも消えて行ったか、あるいは消えなんとしている。それを惜しむ好事家はまたどこの国にもいる。奥野信太郎は『随筆北京』に、胡同《フートン》にやって来るさまざまな物売りの印象を書きとめているが、その一つに大根売りがあった。

わたくしの家の塀外に毎晩やってきては佇む蘿蔔《ロオポ》売りがあつた。これは大根であるが、日本の大根のやうに辛らくはない。むしろ果物の一種のやうにとりあつかつて、冬煖炉の火照りで喉が渇いたとき、これを食べてはその渇きを医するのである。その蘿蔔売りの声は、一際見事なものであつた。

端唄の「夕暮れ」の「帆上げた舟が」といふ一節の「帆上げた」といふ節廻しと全然同じに、「蘿蔔エー」と長く長く引いて見せる。それが実に見事であつたのと、

またその端唄の節廻しとの偶然の暗合が面白かったので、わたくしは彼が来るたびにいつも耳を傾けるのを常とした。（前掲書）

このくだりを読んで、わたしは以前ある老婦人から聞いた話を思い出した。

その人——仮にSさんとしておく——は御両親が広東出身だが、本人は日本に生まれ育った。彼女が昔、船で初めて上海へ行ったときのこと。

船は明け方港に着き、Sさんは窓から暁の霧に煙る波止場をながめていた。と、どこかから、「老婆、老婆」と呼び歩く物売りの声がする。〝老婆〟は日本語では〝おばあさん〟だけれども、中国語では〝奥さん〟の意味である。

「へー、上海ってスゴイところだナ。奥さんを売ってるんだ」

Sさんはビックリした。ところが、あとでわかって大笑い——「老婆（北京語の発音はlaopo）」と聞こえたのは、じつは「蘿蔔（同luobo）」と叫ぶ大根売りの呼び声だったのである。

湖州の仙人

日本では大根を果物のように生でかじるということをあまりしないから、日本育ちのSさんにも、この風習は珍しかったのだろう。中国、ことに北方では「大根好きは梨を食わぬ」という諺《ことわざ》があるくらいで、大根は古来、水分補給のために愛用されてきた食べ物である。

思い出すのは、昔――あれは水道橋の「北京亭」だったろうか――さる中華料理店に入ったら、テーブルの下に『人民中国』の日本語版が置いてある。何げなくめくっていると、大根のとれる村の記事が目にとまった。そこの大根は水気があって甘く、里人は例の諺ではないが、梨を食わずにもっぱら大根を食べる云々と書いてあった。へえ、そんな大根があるなら、食べてみたいものだとわたしは思った。しかし、それっきり、どこの村のことだったかも忘れてしまった。

先頃、『中国飲食趣話』を見ていたら、四川省萬県に湖州という場所があり、ここは一名〝糖水壩《せき》〟とも呼ばれて、大きく白く、砂糖水のように甘くてシャリシャリした大根を産するという。もしかすると、くだんの記事はこの土地のことを報じたのかもしれないと思った。

湖州では三年に一度くらい特大の大根がとれ、重さ二、三十斤に達する。村人はこの大根を掘る時、芝居を催し、豚と羊を屠《ほふ》って、三日三晩お祝いをするという。

それについて、こんな話が伝わっている——

張果老《ちょうかろう》といえば〝八仙〟の一人で、驢馬に乗った仙人として有名だが、この人がまだ子供の頃、近所の金持ちの畑で大根を盗み、見つかって折檻《せっかん》された。

そこへ殷《いん》という人物がやって来た。

この人も大根を作っており、〝大根の殷〟というあだ名がついていた。殷は子供が可哀想なのでとりなそうとしたが、金持ちは中々うんといわない。聞けば、子供が盗んだ大根は二本だというから、その二十倍の大根を金持ちにやって、ようやく勘弁してもらった。

殷は子供に向かっていった。

「大根が欲しかったら、おれんちの畑から抜きな。あいつのを盗んじゃいけない。あいつは性根の曲がった奴だからな」

張果老は仙人になってから、この時の恩返しに、いつも殷の土地で仙鶴に糞をさせたので、そこでは大根がよく出来た。

あるとき、張果老が殷の畑でおいしい大根を食べていると、西王母《せいおうぼ》から蟠桃会の招待状が来た。さっそく馳せ参じて、諸々の仙人といっしょに仙界の桃や梨を食べたが、殷のつくる大根ほどうまくない。

「人間世界の〝地梨〟には及ばないね」

そういって、袖の中に入れておいた食いかけの大根を仙人たちに食べさせると、みんなは「うまい、うまい」と絶賛する。

西王母もその大根がお気に召したので、種を仙宮に植えさせた。ところが、土が違うため、葉ばかり茂って大根がよく出来ない。西王母はそこで張果老に二つの万能の箱を与えると、下界に行って、金持ちの畑と殷の畑の土を盗んでくるように命じた。

張果老は愛用の驢馬《ろば》に跨がり、土を取りに行った。金持ちの畑の土はごっそり箱に入れたが、殷の畑には手をつけかねて悩んでいると、どこかの子供が突然ワアワアと泣き出したので、乗っている驢馬が嘶《いなな》いた。それであわてて天に逃げ出したところ、たまたま雷神が悪龍をこらしめている最中だった。驢馬は雷にびっくりして、そのはずみに土を入れた箱が傾き、揚子江の川中にこぼれて、そこが湖州になった。

張果老は仕方がないので湖州へ行って大根を植え、三日に一度大きいのをとっては、一つを西王母に献上し、一つは人間《じんかん》にとどめておく。天上の三日は地上の三年であるため、ここでは三年に一度、大きな大根がとれるというのだ。

濰坊の緑大根

果物としての大根を味わってみる機会が、ついこの間、わたしにもめぐって来た。昨年（二〇〇四年）の六月、山東省の曲阜で有名な〝孔府菜〟を食べるという催しがあり、わたしも数に加えてもらって、それまで名のみ聞いていたさまざまな料理に舌鼓を打った。そのあと泰山に登って、泰安、済南を通り、高速道路で青島に戻って来たのであるが、途中、淄博《しはく》のパーキング・エリアで休憩をとった。

そこに地元の特産品を売る店があり、「水果蘿蔔」というのを売っていた。濰坊《いぼう》の産だという真っ青な大根である。「一本くれ」というと、サッサッと皮を剝《む》いて十字に包丁を入れてくれた。この大根は芯まで緑だった。甘いだろうと期待してかぶりつくと、意外や辛くてシャリシャリしている。張果老が食べたのとは違う種類らしい。ガイド嬢のいうには、このあたりでは辛い緑色の大根と中が赤い甘口の大根がとれるそうだ。

この辛口大根とそっくりなものを、信州・上田でも食べたことがある。そっくりといっても大きさはずっと小ぶりで、二十日大根に似ている。駅前の焼肉屋に入ったら、薄切りにして味噌をつけたものが出てきたので、「何という大根ですか」と御主人にきくと、「シナダイコン」というこたえだった。八百屋にも売っていたので一つ二つ買って帰り、東京で知り合いの中国人に見せたところ、「おや、中国の大根じゃない！」といわれた。

くだんの知り合いはそれで大根餃子をつくるという。大根の餃子は美味しいけれども、日本の大根では水気が多すぎ、うまくできないのだそうだ。

その後、北京の山東料理屋で羊肉と大根の餃子を食べてみたが、たしかに中々良いものだった。

日中の大根文化

思うに、誰か奇特《きとく》な人が我が国と中国の大根の食べ方を較べて、比較文化論の論文を書くとしたら、重要なテーマの一つは薬味としての利用法だろう。「大根おろし」

の使い方こそ、本邦で独自の発展を遂げた大根文化ではあるまいか。こんがり焼いた秋刀魚も鰤《ぶり》の照焼きも、おろしなくば如何《いかん》せん。天麩羅《てんぷら》もそうだ。河豚《ふぐ》ちりも――ああ、おろしとは何と偉大な発明であろう！

大根おろしは蕎麦の薬味にも使う。江戸時代の蕎麦切りはおろしで食べていたようだし、田舎蕎麦は今もおろしを使うことが多い。

わたしの友人にＭ君という人がいる。哲学者で、いつもムッツリしていて、飲み食いは好きだが、物の食べ方なども哲学者風に悠然としている。一緒に食事をすると、わたしの皿はすぐ空っぽになるが、Ｍ君の皿にはいつまでも料理が残っている。ところが、蕎麦を食べるときだけは豹変し、目の前に長いものが出てきたとたん、彼の箸は猛禽《もうきん》のように襲いかかって、ズルズルズルッと息つく間もなくせいろを空《から》にする。

あるとき、このＭ君と一緒に蕎麦屋に入った。信州蕎麦の店で、せいろそばは中々美味かったから、おかわりといったら、店主が「田舎風の食べ方をしてみませんか」といった。つゆを使わず、味噌に大根おろしを混ぜ、蕎麦にからめて食べるのだそうだ。うまそうだと思って、注文した。小碗に入れてきた味噌には柚子がかかっており、香ばしかった。

ところが、食べてみると、味噌の甘いこと、甘いこと！　キャラメルをなめているようだ。

どうしてこんなに甘い味噌を使うのかと憤慨したが、今になって思うと、あれはおろしに問題があったのかもしれない。近頃の甘い大根を使うから駄目なのだ。「身にしみて大根からし秋の風」というくらいの辛味大根でなくては――

一方、中国の大根文化の特色としては、小吃《しょうきつ》によく用いることが挙げられるかと思う。

上海の屋台などで売っている「蘿蔔煎餅」は、小麦粉の皮に切干し大根と肉、ハムなどを入れて焼いたものだ。サクサクしたパイ状の皮の「蘿蔔酥餅」もある。

切干し大根を使った点心は、調べ上げたらきっと相当たくさんあるだろう。

一昨年、台湾の淡水で市場を歩いていたら、小さな店でお婆さんが色とりどりな菓子を売っていた。紅い大きな落雁のようなものもあり、餅《もち》の類もある。その市場の隅には観音廟があるので、仏様へのお供物かもしれないと思った。草餅に似たものがあったから、買ってみると、外側はまさに草餅だけれども、中に切干し大根が入っている。あとで知ったが、これは「草仔粿」とか「艾草粄」とかいうもので、小豆餡の他に緑豆餡や切干し大根を入れることもあるのだ。

台湾といえば、台湾料理でおなじみの「大根モチ」は、今でこそ東京では珍しくもなくなったが、わたしなどが学生の時分には限られた店にしか置いていなかった。台湾料理店自体が少なかったのである。

わたしは渋谷の「麗郷」で初めてあれを食べた時、じつに不思議な感動をおぼえた。モチというが、歯ごたえが日本の餅とは全然異なる。トロリと口の中でとろけ、クリーム・コロッケのようだ。それに濃厚な味がついている。どうしてこんな味がするのだろう?

後に青木正児《まさる》の「粉食小史」を読んで、合点がいった。「麗郷」の大根モチはモチと書いてあったけれども、原語は「蘿蔔餻（糕の字もよく使う）」だ。「餻」というのは粉食品の一種で、歴史的には色々転変があるが、要するに米、黍、粟、豆など麦以外の穀物を粉にし、練って、蒸して食べるものをいう。羊羹や〝ういろう〟もこの仲間だが、「注目すべきは、餻の雑ぜ物や団の餡に砂糖や蜜漬の果物など甘い物ばかりでなく、野菜や肉を用いて塩味にしたものがかなりあることである」（『華国風味』）と青木正児は指摘している。なるほど、「蘿蔔餻」がそれだと思った。

柴田書店の『食在台湾』という本に載っている「蘿蔔餻」の製法は、米を一晩水に浸け、挽いてドロドロにしたものを油で炒めた大根に混ぜ、型に入れて蒸してから冷まして保存する。食べるときは油をひいた鉄板で焼いて食べる。この本の写真にうつっている大根モチは白いけれども、「麗郷」の「蘿蔔餻」は大きい茶色の塊で、いつも勘定台の後ろに置いてあった。子供の頃、初めてフランスに行って見たお化けのようなチーズに似ていると思った。

不思議な小菜

大根はさっぱりしているから、油と相性が良い。揚げた大根も良いものである。新宿の瀋陽料理の店「東順永」で前菜に出す「桜桃肉」は、江南の肉料理と同じ名前だけれども、肉ではない。初めて食べたとき、一体何かわからなかった。見かけはオレンジ色の揚げ物で、小さく四角い塊に切ってある。甘く、ホロホロして、かすかに苦みもある乙《おつ》なものだ。

「これ、何かわかる?」と店の人にきかれて、「ウーン」と頭をひねったが、見当がつかなくて教えてもらった。何と、大根なのであった。

ちなみに、『紅楼夢』の女主人公・林黛玉《りんたいぎょく》の好物に「蘿蔔炸児」というのがあるが、あれは「炸児」といっても揚げ物ではなく、小さい大根を醤油につけた南方の小菜の一種である。

則天武后の愛した大根料理

大根が表舞台に立つ高級料理というと、洛陽の「仮燕菜」が頭に浮かぶ。洛陽では「水席」といって、スープ料理を中心にした独特の宴席を行う。「仮燕菜」はその第一道菜（最初に供される料理）だという。

伝説によると、唐の則天《そくてん》武后《ぶこう》の時代、洛陽の近くの村で、途方もなく大きな大根がとれた。村人はそれを武后に献上した。宮殿の厨師たちはこの大根を細く切って、スープに入れた。武后が食べてみると、はなはだうまく、味が燕の窩《す》に似ているので「仮燕菜（燕の窩もどき）」の名をつけたのだそうな。

一九七三年、周恩来《しゅうおんらい》がカナダのトルードー首相を連れて洛陽を訪れた時、名店「真不同飯店」でこの料理を味わった。料理人が洛陽の名花である白牡丹の花をスープに浮かべたところ、貴賓は絶賛し、周恩来も喜んで、「洛陽の牡丹は天下一だ、料理の中に花を咲かせた」といった。以来、この料理には「牡丹燕菜」の別名がついたという。

周三金《しゅうさんきん》編『中国名菜精萃』に載っている「仮燕菜」の作り方は、大体こんな具合である——大根を洗い、細切りにして水に浸し、辛味を抜く。細い緑豆粉（ハルサメ）と混ぜて蒸籠《せいろ》で四、五分蒸し、冷めたらぬるま湯に浸け、塩水をかけて、また蒸籠で蒸す。その後、海米（干し海老）、細切りにした豚肉、豚足、筍、海参、イカ、鶏肉と共に鶏だしのスープに入れる。

燕の窩はたしかに大根に似ている。ハルサメと混ぜればなおさらだろう。

蘇東坡と大根

「東坡肉」の蘇東坡は豚肉も好きだったが、野菜の淡泊な味も好きで、詩文によくそのことを書いている。

中でも有名なのは「東坡羹頌」という詩だ。

これには長い序文がついている。それによれば、「東坡羹」なるものは彼が好んで煮る菜羹（野菜のあつもの）で、魚や肉、調味料を使わず、自然の甘さがある。その製法は、白菜か蔓菁《かぶらな》、または大根、薺《なずな》を揉んで苦汁を去る。釜の縁と碗に生の油を塗っておき、菜を煮立った湯の中に入れる。さらに生米を入れて糝《まじり》にし、生姜を少し加え、油を塗った碗で上を覆う。その上に甑《こしき》を置き、普通のやり方で飯を炊く。こうすると、飯が炊ける頃、羹《あつもの》も煮えて柔らかくなる。碗に油を塗っておくのは羹の沸騰を抑えるためで、これが蒸気を調節して、飯がうまく煮えるのだ。青菜の類がないときは瓜や茄子を切り、小豆と粳米《うるちまい》を用いてつくる。

この方法は応純《おうじゅん》道人が廬山に適《ゆ》かんとする時、乞うて教えてもらったもので、詩人は頌をつくって道人に問いかける――

甘苦嘗從極處回
鹹酸未必是鹽梅
問師此箇天眞味
根上來麼塵上來

甘苦は嘗つて極処より回る

鹹酸も　未だ必ずしも是れ塩梅にあらず
師に問う、此箇《しこ》の天真の味
根より来るや　塵より来るや

仏教では六塵・六根ということをいう。六塵は色、声、香、味、触、法の六つの感覚。六根は眼、耳、鼻、舌、身、意の六つの感覚器官だ。されば、この詩の大意はこんなところだろう——甘苦鹹酸の四味のうち、甘と苦は極処（仏や仙人の高い境地）からもたらされたためしもあるし、鹹と酸も、必ずしも塩だの梅だのといった物質的調味料から来るとは限りません。師におたずねいたしますが、この天真の味は感覚器官から来るのでしょうか、それとも感覚それ自体に由来するのでしょうか？

露伴《ろはん》翁はこの詩を評して、曰く——「塵は物質だ、根は舌根だ。根上より來るや塵上より來るやと東坡羹の至眞至淡の味の來處を問うたところなぞは、流石《さすが》に溪聲山色の偈《げ》を遺した人だけに洒落《しゃれ》たものである」（「蘇子瞻米元章」『露伴全集　16』）

御覧の通り、「東坡羹」には大根の他にも種々の野菜を用いたのだが、とくに大根と蔓菁の羹のことが、「狄韶州煮蔓菁蘆菔羹詩」に歌われている。

我昔在田間
寒庖有珍烹
常支折脚鼎
自煮花蔓菁
中年失此味
想像如隔生
誰知南岳老
解作東坡羹
中有蘆壩根
尚含曉露清
勿語貴公子
從渠醉羶腥

大意は——自分は昔田舎にいた頃、家の庖《くりや》でうまいものをつくった。脚の折れた鼎《かなえ》を支え、花蔓菁（野沢菜に近い植物）を煮たのである。中年になってこれを味わう機会がとんとなくなり、あたかも別世界のことのように思っていたが、何と南岳老《なんがくろう》は「東坡羹」の作り方を御存知だ。その中には大根が入っていて、なお暁の露の清さが含まれている。こんな美味いもののことを貴公子に語ってはならぬ、勝手に羶腥《なまぐさ》に酔わせておけ、というのだ。

林洪《りんこう》の『山家清供』に載っている「玉糝羹」もやはり大根の料理である。

蘇東坡がある晩、子由（弟の蘇轍）と飲んで酒も酣《た》けたとき、蘿菔《だいこん》を搥《たた》いて爛《とろ》けるほどに煮、ほかに調料は一切加えず、ただ白米を研いで糝《まじり》としただけで食べた。そうして急に箸を置き、几《つくえ》を撫《さす》りながらいった。「天竺の酥酡《そだ》でもないかぎり、人の世にこんな美味いものはあるまい」と。（中村喬訳）

もっとも、この話の出所は不明で、蘇東坡自身が海南島で書いた「玉糝羹」詩には、息子の過《か》が山芋で糝《まじり》をつくったとある。その序文のおしまいに「天竺の酥酡……」云々の句があることから、『山家清供』の話はどこかの好事家がこしらえたのかもしれない、と青木正児は疑っている（「蘇東坡の味覚」）。

皛飯と毳飯

これも作り話かもしれないが、蘇東坡と大根について愉快な逸話がある。大儒・朱《しゅ》熹《き》のおじさんにあたる朱弁《しゅべん》の書いた『曲洧旧聞』巻第六に載っている話だ。

蘇東坡があるとき、友人の劉貢父にいった。

「わたしは弟と試験勉強をしているとき、毎日三白を食べましたが、はなはだ美味なもので、人間に八珍などというものがあるのを信じなくなりました」

貢父は「三白」とは何かと問うた。東坡はいった。

「一つまみの塩、一皿の生の大根、一碗の飯――すなわち三白です」

貢父は大笑した。

しばらくして、貢父は東坡に「皛飯」を御馳走するから、いらっしゃいといった。東坡はかつて自分が三白の話をしたことを忘れていた。「皛飯」とは聞かぬ名だが、貢父は博学な読書家だから、きっと何か典拠があるにちがいないと思った。

行ってみると、テーブルの上に塩と大根と飯がのっている。そこではじめて、皛＝

三白と戯れたのだと知った。東坡は笑って匙《さじ》と箸を取り、あらかた食べた。さて帰り際、馬に乗りながらいうことには――

「明日、お越しいただければ、毳飯を御馳走しましょう」

貢父はきっと何かあるぞと思いつつ、東坡の家へ遊びに行った。さて、四方山《よもやま》の話をするうちに御飯時も過ぎ、お腹がすいてきた。御飯を食べたいというと、東坡は「少しお待ちなさい」という。しかし、待っても待っても出て来ない。また食べたいといったが、「少しお待ちなさい」――そんなことを三度も繰り返した。お腹が減って耐えきれぬというと、東坡はいった。

「塩も毛、大根も毛、飯も毛――これぞ毳じゃありませんか」

貢父は腹を抱えて笑った。

「きっと仕返しされるとは思っていたが、これには思い及ばなかった」

そこで東坡は家人に命じて、食事を出させた。日が暮れて客は帰った。

当時、俗に「無」を「模」といった。「模」は「毛」と発音が近い。それで洒落たというのであるが――まア、のんきな人たちだ。

覇王別姫

スッポンの禁忌

食に関するタブーというのは不思議なもので、ある土地の人間はある食べ物を忌むが、よそから来た人間には、なぜだかさっぱりわからない。あるいは、同じ土地であっても宗旨や階層によって異なるタブーがあったり、家ごとに禁断の食べ物があったりする。

明治以前、我が国では四つ足の獣を食べぬ建前だった（実際には、薬食いということをやっていたが）。台湾の人は昔、牛肉を食べなかった。牛は田圃《たんぼ》を耕してくれるけなげな動物で、牛肉麺にして食うなぞ、もってのほかであった。

中国大陸は広いから、土地土地で色々なタブーがあったろうが、一部ではスッポンを食べることがタブーだった。篠田統の『中国食物史』を引用すると――

……すっぽんは池辺に卵をうみ、卵はその上を通るものの精をうけて発育するので、人を罵るのにすっぽんといえば「貴様は誰の子か判んない」と言う最大の侮言となる。……で、こんな奴は忠信孝悌礼儀廉恥の八徳を忘れたものとして「忘八（ワンパァ。略して王八とも）」というわけだ。

そんなで、今日人をワンパァという時は絶交は覚悟せねばならず、ワンパァの仲間は食膳には供しない。供しない建前にはなっているが、春秋・戦国の古から愛好されていたこんなうまい物を、アノ美食家の漢人が追放できるはずもない。現在は甲魚の名で愛用しており、北京には甲魚専門店もあった。

わたしなどはスッポンを忌む人にまだ出会ったことがないけれども、戦前には、このタブーが形だけは残っていたのかもしれない。スッポンについて造詣の深い木下謙次郎も、『美味求真』の中でこのことにふれている。ただし、中国でスッポンを忌むのは「北方の一地方に限られ、中世以後の事」だとしている。

くわしく調べたことはないが、このスッポン禁忌も、あるいは西方遊牧民族の文化的影響かもしれない。古代の中国人は、『中国食物史』にも言うとおり、スッポンをさかんに食べていたからである。

食い物の恨みは……

「食指が動く」という言葉を我々は現在も使うが、これはもともと『春秋左氏伝』（宣公四年）に載っている故事に基づく表現だ。

その部分を竹内照夫訳から引いてみると——

楚の人が黿《げん》（すっぽん）を鄭の霊公に献じた。公子宋《そう》と公子家《か》とが連れだって朝廷にあがったところ、子公（子宋）の食指がぴくぴくと動く。子公は帰生（子家）にその指を見せた、「今までこういうことがあると、わたしはきっと珍しいご馳走にありつくのだよ」

君の前に出ると（果たして）料理番が黿を割いているので、二人は思わず顔を見あわせて笑った。公が気づいて笑うわけを訊いたから、子家が（食指のことを）話した。それなのに、公は太夫たちに黿のお相伴をさせる段になって、わざと子公を召しておきながら、食べさせない。子公は怒り、すっぽんの鼎に指をすりつけ、その指を嘗め嘗め退《さが》った。公は腹を立て、子公を殺してやろうと思った。子公は子家に先手を打とうと持ちかけたが、子家はとめて、「家畜でも飼いなれたら殺しにくいものだ。まして主人ではないか」

　すると子公は（それならばと）子家を公に謗ろうとしたので、子家は止むを得ず従って、夏、二人で霊公を弑《あや》めた。


　スッポンの恨みがもとで君を弑殺《しいさつ》とは、食い物の恨みは恐ろしいということの典型のような話だが、この食べ物には、どうも当時の人々に大人気ない振舞いをさせる魔力があったようである。『周礼』によると、周の時代には「鼈人《べつじん》」という官職があった。これは宮廷でスッポンや亀を調理する係だった。すなわち、亀鼈《きべつ》の類は春秋戦国時代の王侯の食卓に欠かせぬものだったわけで、我が国における鯛の尾頭つきにも通ずる文化的意味を持っていたのかもしれない。

『国語』巻第五「魯語」には、こんな話が載っている。

　魯の大夫公父《こうほ》文伯が酒宴をして、やはり魯の大夫である露睹父《ろとほ》という人を上客に招いた。ところが、睹父にすすめたスッポンが小さかった。睹父は怒って、「スッポンが大きくなったら食べよう」といって、帰ってしまった。

文伯の母がそれを聞いて、怒った。

「わたしは舅殿から聞いている。祭には尸《し》を養い、饗には上賓を養うべし、と。スッポンの大きいのを用意するのは造作《ぞうさ》もないのに、あの人を怒らせるとは」

そういって、文伯を追い出してしまった。文伯は五日後、魯侯夫人のとりなしでやっと家に帰ることができたという。

裙の美味

このように古くからスッポンを食べてきた中国では、その料理法も多様である。紅焼あり、清蒸あり、黄燜あり、冰糖あり、スープもあるし、火鍋にも入れる。ハカマの料理などは、そのもっとも洗練された部分といえるだろう。

鰈《かれい》や平目に「縁側」があるごとく、スッポンには「裙《はかま》」がある。甲羅の骨のまわりについているゼラチン質の部分のことだ。漢土では、これをとくに珍重する。

五代の僧・謙光《けんこう》和尚は酒も飲めばなまぐさも食らった。この人はスッポンの裙を愛して、「鵞鳥に掌が四つあり、スッポンに裙が二つあったら」といったそうな。どこかの殿様が「皮だけの鮭が欲しい」といったのと、発想は似ている。

湖北省の名菜「冬瓜鱉裙羹」は、たぶん、こうした人がつくりはじめたのだろう。これは冬瓜とスッポンの裙だけを煮たもので、荊州の伝統的な料理である。『中国名菜精萃』に引かれた『江陵県志』によれば、北宋の仁宗皇帝が江陵（荊州より南に位置する揚子江沿いの町）の張景《ちょうけい》という人物を召して見《まみ》えた時に、問うた。「卿は江陵に在りて何の貴きものありや？」張はいった。「新粟米炊魚子飯、嫩冬瓜煮鱉裙羹――（新しい粟米で魚子飯を炊き、嫩《やわら》かい冬瓜でスッポンの裙の羹を煮ます）」と。すなわち、この料理はすでに宋代からあったのだ。

以前、杭州の「南方大酒家」で「仿宋宮廷御宴」を催した時、この「冬瓜鱉裙羹」が出てきた。冬瓜をくりぬいて外面に美しい彫刻をほどこし、冬瓜と裙と魚の皮の羹を中に入れてあった。金華ハムを使い、あっさりした塩味だった。夏向けの料理という感じがした。

裙はサッパリしているのも良いが、濃厚な味をふくめてもおいしいものである。

いつか成都の「錦江賓館」で食べた紅焼の裙は、醤油味に上品な辛みが利いていて、じつに良かった。

スッポンではないが、大きな野生の亀（山瑞という）の裙を蟹黄（かにみそ）味で食べたことがある。「上海城大酒家」で供された「蟹黄燴山瑞裙辺」という料理だ。これも中々悪くなかった。おおむね魚唇などに合う味つけは、裙にも合うようである。

袁枚《えんばい》はこの裙料理が気に食わなかったとみえて、『随園食単』の「戒暴殄（材料の浪費を戒む）」の章に曰く――「かつて鼈《すっぽん》を烹《に》る者がもっぱらその裙のみを取って用いるのを見たが、あれは味が肉の中にあるを知らないのである（青木正児訳）」

裙だけとって、あとを捨ててしまうならたしかにもったいないが、料理人がそんなことをするわけはない。他の部分も何かに使うのだが、ただ同じ皿に載って来ないだけである。材料の浪費というにはあたるまい。「南方大酒家」で「冬瓜鱉裙羹」が出た時も、裙以外の部分はどうしたのだろうと思っていたら、そのあとに、ちゃんと足が出てきた。「阮墩環碧《げんとんかんぺき》」という雅名をつけた料理で、大皿の真ん中に駱駝《らくだ》の瘤《こぶ》の細切りを盛りつけ、まわりにスッポンの足を並べてあった。「阮墩」とは西湖の湖中にある島の名で、駱駝の瘤を島に見立て、スッポンの足を西湖の水族に見立てたのである。

わたしは初めてお目にかかる駱駝の瘤にまず箸をつけたが、プリプリしているばかりで、さほど美味というわけでもない。それよりもスッポンの足のうまかったこと

――塩味で煮てあったが、塩気を全然感じない。しかし、物足りなさはなくて、噛むほどに肉の味がしみじみと口の中にしみわたる。ああ、スッポンとは何と美味しい生き物だろうと思ったことが、今に忘れられない。

虞美人のスッポン料理

スッポンはそれ自体にこうした旨味があるから、単独で調理することが多いけれども、鶏との相性も意外に良いものである。

「覇王別姫」といえば、項羽《こうう》と虞《ぐ》美人の悲劇を描く京劇の代表的な演目だ。レスリー・チャンが主演した映画のおかげで、世界的に有名になった。

虞美人の故郷・徐州にはこの「覇王別姫」という名を冠した料理がある。スッポンと母鶏を主材料に用いるのだが、「覇王」は「八忘（スッポン）」に、「別姫」は「鼈鶏」に音が通じることからつけられた名前である。徐州だけでなく、済南、曲阜、連雲港、蘇州などの料亭でも供するそうだ。一説に山東省魚台が発祥地ともいう。

製法は土地によって若干の違いがあるようだが、要はスッポンと鶏を合わせて烹《に》るのである。『中国美食経』に載っている徐州の製法では、若鶏を丸ごとスッポンの甲羅の上にのせ、まわりにぶつ切りにしたスッポンの肉を配して、清湯で煮る。鶏のスナギモ・肝とスッポンの内臓を鍋の底で一緒に煮るのだという。

せんだって、友人たちと初めて湖南省の長沙に行った。行く前に彼の地の食べ物について調べてみると、ここはいにしえの楚の国だからか、「覇王別姫」が名菜とされている。そこで、老舗料亭「玉楼東」に行って頼んでみたところ、小姐《シャオジェ》たちはニヤニヤして、「没有《メイヨウ》」というばかり。「湘菜王」という店でも「没有」だった。

たぶん、予約しないと駄目なのだろう。そう思って数日後、「湘山食府」というレストランで宴会をする際、事前に注文して、この料理を作ってもらった。出てきたのを見ると、白磁の壺に大ぶりなスッポンと烏骨鶏が入っていた。烏骨鶏はトロトロになっていて、それ自体もうまかったが、鶏のスープがしみこんだスッポンの裙の美味なこと。引き立てられているのは、やはりスッポンだと思った。

鄭板橋ゆかりのスッポン料理

「黄燜甲魚」という料理には、〝揚州八怪〟の一人・鄭板橋《ていはんきょう》（一六九三〜一七六五）にまつわる逸話がある。

竹の画家として有名な鄭板橋は、乾隆元年進士《しんじ》に受かり、山東省の濰坊で十二年間知県をつとめた。善政を布き、牢獄が空《から》になること数度。飢饉の際は民を救い、役人の横暴は抑える。ついに病を理由に辞職して郷里に帰ったが、彼が辞める時、人々は泣いて引き留め、家々にその画像を飾って拝んだという。

林苛歩《りんかほ》氏の『満漢全席記略』に載っている話は、こうだ。

濰坊の名紳・陳某が宴を開いて板橋を招待した。板橋はさわがしい宴席などにあまり出たくなかったが、行くことは行った。そのかわり、「上等の御馳走がなかったら、中途で退席させてもらいますよ」と賓主にことわった。

宴がはじまり、料理が供される。板橋の口に合うものはあまりなかった。けれども、そのうちに「黄燜甲魚」が出た。小さくぶつ切りにした甲魚《スッポン》と雛鶏をいっしょに煮たもので、食べてみると、スッポンはトロトロし、雛鶏は柔らかく、汁はしおからい中に微かな甘味がある。

「絶品だ！　絶品だ！」と板橋は叫んで、こんな戯詩《ざれうた》を詠んだ。

甲魚雛鶏本無縁

却在甕中常相伴
只求有情成眷屬
奈何雙雙俎上肉

甲魚と雛鶏はもともと無縁であるのに、
甕の中でいつも一緒になっている。
好き合って夫婦《めおと》になりたいだけなのだが、
ふたりして俎上《そじょう》の肉となるをいかんせん。

板橋はこの家の厨師を呼びつけ、自分もこの料理をつくってみたいといって、作り方を教わった。

陳家の家僕の一人がこのようすをずっと見ていて、厨師が教える製法をしっかりと胸にしまいこんだ。じつは、彼の親戚が近頃料理屋を開いたのだが、店は全然はやらず、つぶれそうだったのである。さっそく、その親戚に調理法を教えてやると、親戚は鄭知県が褒めちぎった「黄燜甲魚」だといって、これを看板料理にした。おかげで店は繁盛したという。

劉常明《りゅうじょうめい》主編『中華美食伝説与烹飪』に載っている「黄燜濰河甲魚」の逸話は、こうだ。

鄭板橋は知県として人々のために働き、過労で身体が弱ってしまった。人々はそれを案じて、ある年、板橋の誕生日のお祝いに、河で捕ってきたスッポンを贈った。板橋は喜び、もらったスッポンをスープ（甲魚湯）にして、人々と共に味わった。この時の厨師が腕の良い人で、古法に則《のっと》り、古代風味のスープをつくった。これが「黄燜濰河甲魚」のはじまりだという。「黄燜」という言葉は、ふつう一種の煮込みを意味するが、濰坊ではスッポンのスープを「黄燜甲魚」と呼びならわしているのだという。

その調理法を見ると、これもスッポンと丸ごとの母鶏を一緒に煮込んでいる。してみると、「覇王別姫」の仲間だ。思うに、この取り合わせは山東省や、徐州、連雲港を含む江蘇省北部の人々が好むものなのだろう。

李漁とスッポン

明末清初の劇作家・李漁は『閒情偶寄』にこんな話を書いている。

彼は生来水族は何でも好きなのに、スッポンだけは嫌いだった。

ある日、近所の人が巨《おお》きなスッポンをつかまえた。人々を招《よ》んでこれを食べたところ、食べた者はバタバタと死に、指をその汁につけた者も病気になって、何カ月も苦しんだ。李漁だけは食べにいかなかったので、助かった。

彼はこのように危ういところを命拾いした経験が何度かあった。その一つは有名な話で——ある年の夏、虎爪山で盗賊に出逢い、身代金を払わなければ殺すといわれた。李漁は嚢中《のうちゅう》一銭もなかったので、あきらめて、「さあ殺してくれ」と首をさしだした。すると、盗賊は哀れんで許してくれたという。

「文無しの旅人は追い剝ぎの前で笑う」というユウェナーリスの言葉を思い出す話だ。もっとも、ローマ帝国の追い剝ぎはどうだったかしらぬが、中国の追い剝ぎの前で笑ったら、さっさと殺されてしまうだろう。李漁の場合、その態度が潔くもあり、哀れでもあったので助けてくれたのだろう。

木下謙次郎とスッポンの卵

『美味求真』の著者・木下謙次郎は、自らスッポンの養殖事業を手がけたというだけあって、この動物の調理法はもとより、生態、捕獲法などに関する蘊蓄《うんちく》を縷々《るる》披露している。

　その中で、スッポンの卵について、こう語っている――「特別美味なるものにして、卵の何物も之に比すべきものなし」

　たしかにスッポンの卵はおいしい。味わいはじつに豊かだが、まろやかで厭味がない。温厚な君子といったところか。これを使った料理としては、「茶碗蒸しにするを第一とす」と木下謙次郎はいう。さだめし美味にちがいないが、一碗の茶碗蒸しをこしらえるために、相当な数のスッポンをさばかねばならぬ。おいそれとは食べられない贅沢品だ。

　スッポンの卵は、しかし、茹でただけでも美味しいし、それよりも酒漬けにするとこたえられない。

　昔、小岩の「楊州飯店」で初めてスッポン料理を食べた時、店に行くと、テーブルの上にグラスが置いてあった。中に白く半透明な丸い物体が入っている。何かときくと、卵の酒漬けだという。たぶん白酒に漬けてあったのだろう、相当にアルコールがきいていて、ブランデー入りのボンボンのようだった。子供の頃に還った心地がした。

この小菜は夏に合うようだ。

数年前、夏のうんと暑い盛りに、知人と西新宿の公園を歩いたことがある。日が暮れてきたので、方南通り沿いの「山珍居」へ行って夕食を食べた。御存知、台湾料理の名店である。

席について〝季節のメニュー〟を見ると、「スッポンの卵」と書いてあったので注文した。それと苦瓜のサラダを肴に老酒を飲みはじめた。

スッポンの卵は例の酒漬けで、冷やしてあり、口に入れるとスーッとする。薄切りにした苦瓜はほのかに甘く、これも清涼な感じである。たちまち暑さを忘れて、十分に酒を飲んだ。

まる鍋の思い出

和風のスッポン鍋——まる鍋——も、これはこれで良いものである。

ある年の冬、友人のA氏に誘われ、神戸からA氏自慢のベンツに乗って、岡山県の郷緑温泉に行った。

郷緑は湯原温泉に近い一軒家の湯宿で、石垣の上に古い民家が一軒、ポツリと立っていた。その日は昼前から雪が降りだし、旅館の屋根もほんやら洞のようにすっぽりと雪をかぶっている。宿の前の駐車場も雪に埋もれている。

わたしたちは三時頃宿に入って、のんびりとお湯につかった。湯は天然石の間から湧き出す人肌ほどのぬる湯で、眠たくなるような入り心地だ。夕食には猪鍋かスッポン鍋のどちらかを選べるといわれて、スッポン鍋を予約しておいた。

お客は、広い二階にわたしたちだけだった。

炬燵《こたつ》にあたって四時頃から酒を飲みはじめると、おかみさんが気を利かして、スッポンの生き血やら、さばきたての内臓やらをつまみに持ってきてくれた。

そのうち鍋がくる。スッポンの味も良かったが、一緒に入れた青菜の類が、何だったかおぼえていないけれども、ほろ苦さがあってじつに良い。わたしは陶然として杯を重ねた。

雪は降る。しんしんと夜は更けて行く。暖かい炬燵と上等の酒——

あとでA氏から聞いたことだが、彼はこの時、楽しそうな顔をして酒を飲みながら、内心は気が気でなかった。雪の中で凍りついたベンツが翌朝動くかどうかを、心配していたのだった。

一宇乾坤

我すでになまことなりて……

怪奇小説家の倉阪《くらさか》鬼《き》一郎《いちろう》氏は芭蕉と同じ伊賀上野を故郷にするだけあって、俳句も詠む。その句集にこういう句がある。

我すでになまことなりて鍋の中　（『怪奇館』）

わたしはこの句がしごく気に入っている。ナマコ、ナリテ、ナベ、ナカと頭韻を踏んだ語呂の良さもさることながら、「すでに」の三文字がじつに効いているではないか。この一語が、わたしにはさまざまな想像をかき立てる。

ここにいう「我」とは一体、いかなる人物なのであろうか？

オデュッセウスの航海の仲間のごとく、旅の途中で魔女に魅せられ、ナマコに変身した可哀想な人であろうか？　魔法の薬を飲まされて気がつくと、我が身はすでにナマコ。塩揉みして鍋に放り込まれ、妖女の晩のおかずになろうとしている——あるいは西天取経の坊様が、三蔵法師とちがって頼りになるおつきを持たぬゆえに、妖怪につかまってナマコにされたか？　それともかかる妖怪を退治に赴いて、逆に術をかけられた修行の足りぬヘボ仙人か？

あるいはナマコになるというのは、この人の本意であって、ラフォルグの散文詩の主人公のごとく、日がな一日水族館の水槽を見つめているうちに、人間どもの浮世よりも棘皮《きょくひ》動物の世界に涅槃境《ねはんきょう》があることを悟り、ああ、ナマコになりたい、なりたいと思いつめていると、一念天に通じてめでたくナマコになった。ところが、運悪くそこへ酒飲みが来合わせ、晩酌の肴ぢゃといって料理されようとしている——

ともあれ、評釈家風にいうなら、このナマコは中華料理のナマコと取りたい。日本料理ではたいがい酢の物にするから、下の〝鍋〟という字が生きて来ない。

図鑑で知った生き物

幼い頃、わたしはよく中華料理屋に連れて行ってもらったから、ナマコも当然食べたはずだが、いっこうにおぼえていない。たぶん、「八宝菜」式のものに黒いブヨブヨした物体が混じっていて、「面妖だナ」と感じた程度の出会いだったのだろう。そのブヨブヨした物の正体は知らずに終わったのだ。

しかし、ナマコという生き物が海にいることは知っていた。

わたしは海の生き物が好きで、祖母に買ってもらった『魚介の図鑑』を毎日飽かずながめていた。その図鑑は魚と貝の他にもさまざまな海洋生物を、原生動物、軟体動物、環形動物といった具合に分類して載せていた。むろん棘皮動物のページもあり、ナマコとヒトデとウニの絵が並んでいる。小船に乗った漁師がやすのようなものでナマコを突く漁の絵もあった。

奇怪な形状をしたナマコの図——その解説の末尾に(食)というマークがついていることが、わたしには不思議だった。食用になるという印である。けれど、こんなものをどうやって食べるのだろう？

やがて中学に上がってから、わたしはこの疑問を解こうとした。当時、病気の祖母に代わって家の切り盛りをしていたおやすさんという人に「ナマコを食べさせてよ」とねだると、おやすさんは二つ返事で、渋谷の井の頭線のガード下にある魚屋へ連れて行ってくれた。わたしはそこで初めて、生きているナマコに触った。ナマコは赤茶色くてべったりとしている。予想外に大きく、グロテスクだった。

　ともかく一つ買ってもらい、ビニール袋に入れて、原宿の家に持って帰った。家に着いて袋を開けて見ると、水の中にどろどろしたものが出ている。

「このわただよ」とおやすさんは言った。そして、それを呑めという。

　おやすさんは千葉の房州で海士《あま》をしていた人だ。その言には権威があった。わたしは無理して、そのドロリとしたものを呑み込んだが、味はなく、要領を得ない。そのうちにおやすさんはナマコ本体も切ってくれた。口に入れてみると、硬くて硬くて容易に噛みきれない。おまけに酸っぱいような、青臭いような、今までに嗅いだことのない匂いがする。わたしは一切れだけ食べて、残してしまった。

「わがままだねえ。せっかく買ってきてやったのに、食べやしない」とおやすさんはこぼした。

　ナマコの第一印象はかくも悪かったのに加えて、おまけがある。

　あるとき、ラジオの理科番組で講師の先生がナマコの習性について話していた。それを聞いていると、何と、ナマコは水質などまわりの環境が悪くなると、内臓を吐き出すというではないか。例のやつ――このわただ。ああ、いやだ、いやだ、自分はそんな、悪い水の中で苦しくて吐き出したはらわたを生で食べさせられたのだ。

　それ以来、ナマコを食べようなどという気はさらさら起きなかった。

このわたの味

　考えてみると、あのモノはやはり酒の肴向きである。されば、わたしがおナマコ様と縒《よ》りを戻したのも酒を嗜《たしな》むようになってからで、ある時、銀座のおでん屋「やす幸」で一口食べてみたこのわたが、あまりに美味いのに驚嘆したのだった。

　無理もない。塩漬けにして鶉《うずら》の卵を落としたこのわたと、生で丸呑みするのとでは大違いである。料理屋で出すナマコは板前さんの工夫のおかげか、酢の物でもそんなに硬くないことを知った。乙な肴だ――こうして、ふたたびわたしのナマコ人生が始まった。

　それでも、中華料理のナマコの味がわかるようになったのは、ずっと後のことである。

　中華のナマコは乾燥してもどしたものを使う。柔らかいし、強烈な匂いもないかわりに、その味は穏やかな、滋味というべきものだ。穏やかな味を解するには、上等なものを何回も食べなければならない。

そういえば思い出すのは、かつて香港で会食をしたときのことである。わたしのテーブルには地元の御婦人方が坐っていた。たまたまウニの蒸しものが出て来たので、わたしは言った――「日本ではウニを生で食べますよ」御婦人方は眉をひそめた。それで、「ウニだけではありません、ナマコも生で食べます」とつけ加えると、かれらはエーッと天を仰ぎ、野蛮人を見るような目でわたしを見た。

今の香港人はどうだろう？　刺身や寿司は彼の地でもすでに市民権を得ているが、ナマコを生で食べるだろうか？

海の人参

日本語ではナマコのことをもともと〝コ〟といい、生物としてのナマコは〝ナマ〟の〝コ〟だからナマコ、乾したものをイリコといった。宮城県の金華山沖でとれるものが古来名品とされ、これはキンコと呼ばれた。漢字はナマコに「海鼠」の字を、乾物のイリコ、キンコに「海参」の字を当てるが、中国では海鼠の字に一度もお目にかかったためしがない。ナマコといえば、もっぱら海参である。あちらでは生のナマコを食べないからかと思っていたが、生きているものも海参という。

この語は、元代の賈銘《かめい》が書いた料理書『飲食須知』巻六に出て来る。

海參味甘鹹。性寒滑。患泄瀉痢下者勿食。

海参、味は甘鹹。性は寒滑。泄瀉痢下を患う者は食べるなかれ。

参は人参——海参はすなわち、〝海のキュウリ〟ならぬ〝海の人参〟という意味であるから、栄養学的な見地からの命名だ。

明の謝肇淛《しゃちょうせつ》『五雑組』巻九・物部一に曰く——「その性は体をあたため血を補い、人参に匹敵するに足るもので、であるから海参と名づけたのである（岩城秀夫訳）」と。まさしく、「土に生ずるを人参と為し、水に生ずるを海参と為す」（王士禛『香祖筆記』巻八）わけだ。

しかし——とわたしは思った。この名づけ方はナマコを食べることを前提にしている。人参のように栄養があるとは、食べなければいえぬ理屈で、この生物が食品として認知されてからの話だろう。だが、いかに食欲旺盛な中国人とて、海中に転がっているあの奇妙な物体に遭遇して、口に入れようなどとはつゆ思わず、ただただ気持ち悪がっていた時代が、かつてあったはずだ。その頃、人々はあれを何と呼んでいたろう？

思うに、海鼠はそういった古名のひとつではあるまいか？

この言葉は和製漢語ではない。『倭名類聚抄』亀貝部亀類に崔禹錫《さいうしゃく》の『食経』を引いて、曰く――「海鼠、似蛭而大者（海鼠、蛭に似て大なる者）」と。崔禹錫は唐の玄宗皇帝時代の人で、彼の書いた『食経』は散逸して伝わらず、『倭名類聚抄』の右の個所はわずかに残されたその断片だ。されば海鼠は唐代の呼び名だったが、中国では廃《すた》れ、我が国に残存したのだ。

古くは「土肉」か

「土肉」という言葉は、海鼠よりもさらに歴史が古い。

『文選』に郭璞《かくはく》（二七六～三二四）の「江賦」という詩が収められている。その中に「玉桃海月、土肉石華」という句がある。この二句は揚子江にいる生物を列挙したもので、玉桃、海月、土肉、石華はそれぞれ別の生き物である。

唐代の学者李善（?～六八九）はこの個所を注するに、魏（呉）の沈瑩《しんえい》の『臨海水土異物志』を引いて、曰く——

土肉、正黒、如小児臂大、長五寸、中有腹、無口目、有三十足、炙食。

土肉は真っ黒で、大きさは小児の臂《うで》ほど。長さ五寸で、中に腹があり、口も目もなく、三十の足がある。炙《あぶ》って食う。

一方、『五臣注』の呂延済《りょえんせい》注は土肉を「並水蟲、蚌蛤之屬」としており、この説に従えば蚌《どぶがい》や蛤《はまぐり》の仲間ということになる。いずれの注に従うべきか、わたしには判断がつきかねるが、「江賦」にいうところの土肉が何を意味するのであれ、『臨海水土異物志』の記述はどうもナマコのように思われる。

清代の学者郝懿行《かくいこう》（一七五七～一八二五）の書いた『記海錯』という本に「土肉」という一文がある。そこに右の李善注を引いて、曰く——

……余は案ずるに、今登州・萊州の海中に物あり、長さ一尺ばかり。浅黄色にして純肉無骨、混沌無口目にして、腸胃を有する。海人は水底にもぐってこれを取り、烈日中に置く。濡れて柔らかく、消え尽きんと欲するがごとし。塩をもって煮れば、すなわち定まる。然《しか》し味は鹹《しおから》くない。炭灰に浸けると、堅靭にして黒くなる。乾して収めると、なお長さは五、六寸。貨して遠方に致す。啖《くら》う者はこれを珍として海蓡（海参に同じ）と呼ぶ。けだし、その人を補益するところが人参と同じいのだ。『臨海志』に説くところは、まさにこれを指して三十足があると云う。今、海参を験《けみ》してみるに足はなく、背上に肉の刺《とげ》が釘のごとく生えていて、自然に行列をなしているのが二、三十枚ある。『臨海志』がこれを指して足となさんとしたのは非である。

郝懿行は山東省棲霞《せいか》の人で、四十三歳の時進士に受かり、長く北京で役人をつとめた。清貧に甘んじて古典の研究・注釈にいそしみ、『春秋説略』を初めとする三十余種の著作を遺《のこ》した。「記海錯」は、彼が北京に暮らしながら、望郷の念とともに山東省の海の生き物のことを綴った生物誌である。

郝氏は古典の研究のほかに、『証俗文』という習俗考証の書、農事や養蜂に関する書物なども著した。文字ばかりひねくっていた人ではなく、自然物への関心に富んだ博物学者肌の知識人だった。彼は随筆家としても優れていて、『曬《さい》書堂筆録』は人情味に溢れた名随筆である。魯迅《ろじん》の弟周作人《しゅうさくじん》は郝氏の人となりを慕ったが、兄の魯迅も郝懿行を敬愛していたとみえ、その数篇の著作を筆写した。「記海錯」もその一つで、「魯迅輯校古籍手稿」という影印本の叢書に入っている。わたしが参観したのも、一橋大学図書館所蔵のこの魯迅筆写版である。

「海男子」

ナマコの俗称に「海男子」というのもあるが、品は悪いけれども、わかりやすい発想だ。『五雑組』（巻九・物部一）に曰く――

海参《なまこ》は遼東の海浜でとれる。一名を海男子という。その形状が男子の一物のようで、淡菜《たんさい》（貝の名。みる）と対する。（岩城秀夫訳）

淡菜とは貽貝《いがい》のことだ。形が女陰に似ているので、「海夫人」、「東海夫人」ともいわれる。これが海男子と雌雄一対をなすというわけだ。
ちなみに、寺島良安の『和漢三才図会』巻第五十一に、明の汪穎《おうえい》の『食物本草』を引いて曰く――「いま北人は驢馬《ろば》の陰茎でこの贋《にせ》ものをつくる。味はほぼ同じであるが、形はやや扁《ひらた》いのがこれである（島田勇雄他訳）」

首なく目なく皮骨なく

「沙巽《さそん》」という言葉もナマコを指すとされているが、これについてはいささか考えるべき点があるように思う。
この物は、明の張時徹《ちょうじてつ》らが編纂した『寧波府志』巻十二に、寧波でとれる海産物の一つとして挙がっている。

　沙巽、塊然一物、如牛馬腸臓頭。長可五六寸許、胖軟如水蟲、無首無目無皮骨、但能蠕動、觸之則縮小如桃栗、徐復臃腫。土人以沙盆揉去其涎腥、雜五辣煮之、脆美爲上味。

沙巽は、塊然《ころり》とした一物で、牛馬の腸臓のごとし。長さは五、六寸ほど、水蟲のようにふくれていて軟らかい。首なく目なく皮骨なく、ただ能《よ》く蠕動する。これに触れると縮小して桃栗のようになるが、また次第に擁腫《ふく》れる。土地の人間は砂を敷いた盆の上でこれを揉んで、なまぐさい涎《よだれ》のようなぬめりをとり、五辣（韮《にら》、大蒜《にんにく》、らっきょう、葱《ねぎ》、生姜）を混ぜて煮る。脆美《ぜいび》にして上味となる。

『漢語大詞典』では、明の馮時可《ふうじか》『雨航雑録』巻下からこれとほぼ同文の記述を引き、沙噀すなわち刺参（とげのあるナマコ）なりとしている。これは前説を踏襲したもので、『辞海』すでにこの説をとり、『和漢三才図会』も同様である。

しかし、明末清初の文人・周亮工《しゅうりょうこう》は沙噀と海参を別物と考えていた。

周亮工、字は元亮。金陵（南京）の人で、櫟園《れきえん》と号した。明の崇禎年間に進士となり、官職についたが、明が滅びると清朝に仕えた。人となり剛方厳粛で民に慕われ、誣告弾劾されて都に護送されるとき、数百人が彼の無罪を叫んで哭《な》きながら見送ったという。

この人と愛姫王氏との琴瑟の仲について、幸田露伴が「幽情記」（「狂濤艶魂」）に詳しく書いている。王氏は年二十二歳にして周に先立った。臨終のとき、自分は情のために苦しい思いをしたから、もうこの世に生まれたくない。仏力にすがって解脱し、ふたたび情界に輪廻してくることはないと言い残した。つまりは、それほどに情のある女性であった。周は彼女の死後、何度かその姿を見た。彼は順治年間、福建に赴任し、水軍を率いて鄭成功《ていせいこう》の軍と対峙《たいじ》したことがある。この時、王氏の亡魂は周の身を気遣うごとく戦艦の上に現われたという。

周亮工は福建での見聞をもとに『閩《びん》小記』という小さな書物を著した。この中に「土筍」という一文がある。

予は閩（福建）でいつも「土筍凍（土筍の煮こごり）」を食べていたが、味は甚だ鮮異であった。聞けばこの物は海浜に生じ、形は蚯蚓《みみず》に類するというが、いかなる状をなすものかついに知らずにしまった。後に『寧波志』に次のような記述があるのを見た……それで、予の食べた物は沙噀であったことを知った。閩人は誤って筍と呼んでいるのである。予の姻戚に、肥って骨のない者がいる。予はこれを沙噀と呼んでいるが、初めのうち、みんなはその意味がわからなかった。後にこれを悟るや、みなひそかに笑った。沙噀は性大寒、多く食すると暴下することがある。

福建の「土筍（土笋に同じ。塗筍ともいう）」は今も海の珍味とされ、土地の人は炒めたり、スープに入れたり、色々にして食べる。『中国美食遊』には、厦門《アモイ》の「土笋凍」が地元の代表的小吃として載っている。実物を確かめられた周達生《しゅうたつせい》氏の『世界の食文化2――中国』によれば、星虫動物門に属する生物だというから、ナマコではなく、広東の「沙虫」の仲間だ。『漢語大詞典』は土筍を海参としているが、これは誤りである。

周亮工はこの誤りを犯さなかった。『閩小記』にはべつに「海参」という一文があり、福建の海参は遼東のそれとは大分違う云々と述べているから、彼はナマコの何たるかを知っていたわけである。その人が「土筍」を食べて、ナマコとは違うある物だと思った。後に『寧波府志』を見るに及び、ああ、あの時食べたのは、ここに書いてある「沙噀」だったのだと考えた。周亮工のこの推測がもし正しければ、「沙噀」もまたホシムシということになる。わたしは彼の観察眼を信じたい誘惑にかられる。

沙噀はナマコなりや？　ホシムシなりや？　むろん、『寧波府志』の著者が何を以て沙噀と呼んだのかは、別の角度から調べてみなければならない。寧波に行って現地調査をするのが一番だが、どなたか調べた方はおられぬだろうか？　しばらく識者の御教示を待ちたい。

『閩小記』には、土笋の異名として「泥筍」、「沙蒜《ささん》」が挙げられている。

「沙蒜」は沙噀の別称だろう。「泥筍」は『五雑組』に、〝南方人のいかもの食い〟の一例として挙がっている。その記述は「全く蚯蚓（みみず）と似ている（岩城秀夫訳）」とあるだけで、これは土筍の仲間とみて間違いあるまい。

海腸の粉末

ホシムシの仲間が、その正体を知らない人にナマコのように見えることは、近くにも例がある。

青土社から出た『中国美味礼讃』の共著者の一人、阿堅氏は山東省の煙台で「海腸」を食べたが、「海参（海鼠）に似ていて、ぐにゃぐにゃと蠕動し、まったく毛がなく、浅黄色をしていた（鈴木博訳）」と形容している。周達生氏によると、この「海腸（海腸子）」はスジホシムシの仲間だ。昨年、わたしも山東省でこの物を食べた。炒めた料理だったが、味は沙虫に似て、もう少し皮がブキブキしていた。

海腸については、「記海錯」の中にも詳しい記述がある。

　形は蚯蚓のごとくして大きさは長さ一尺ほどにもおよぶ。土色微紅、一頭肉束を有し、鬚《ひげ》に類するが、蓋《けだ》しその首である。深海の底の沙に穴をほり、孔を作ること蛄《けら》や蟯《くそむし》のごとし。居る所はおおむね沙の中二尺ばかり。頭を穴の口に出し、小さい虫が経過すると、吸い取って呑み込む。その糞をしたところもまた細孔を作《な》すが、人は見ない。腸は線のように細く、長さは丈におよぶ。夜間穴を出て、食を覓《もと》める。腸蒂は穴の口に繋いでおき、暁になると還《かえ》ってくる。或いは風浪に遭い、腸がちぎれて漂い、岸辺に棲泊するところを人に取られる。その腹を破いて見るに、血の色は殷然《あざやか》である。海人はまた喜んでこれを啖う。或いはその血を去り、その皮を陰干しにする。食べるに臨んでこれを温水に漬け、細切りにして湯に入れる。味また啖うに中る。

この観察が生物学的にどこまで正確か、わたしにはわからないが、風浪に遭って流されてしまうというのは何だか間が抜けていて面白い。

ちなみに、阿堅氏は面白い話を記している。氏がくだんの海腸を食べたとき、店のコックが言うことには——

「なぜ清代末期から民国初期にかけて北京の八大楼の師傅がみな腰に小さな皮袋をぶら下げていたかといいますと、そのなかに乾燥させて碾いて砕いた海腸の粉が入っていて、料理を作るときに一つまみ入れると、味精〔化学調味料。『味の素』の中国語訳〕のようにとても味を引き立てることができたのです」（鈴木博訳）

これはちょっとやってみたい気がする。わたしは何年か前、赤ホヤの粉末で調味料を作った人に会ったけれども、ホヤと海腸とどちらが勝るであろう？

醤油をさして、とろけるほどに煮込む

『臨海水土異物志』には土肉を「炙って食う」とあるから、仮に土肉がナマコだったとすれば、ナマコを食べる人はすでに三国時代からいたのだ。また『食経』は料理書だから、海鼠がそれに出て来るということは、唐代の人も食べたのだろう。しかし、他に唐宋の文献には、ナマコを食べる話は見当たらないようである。

元代の『飲食須知』巻六に、海参は燕の窩と並んで出て来る。さらに明代に入ると、食材としてもてはやされた。明の皇帝・朱元璋《しゅげんしょう》はナマコ、アワビ、フカヒレ、鶏、豚のアキレス腱をあわせて燴にしたものを好んで食べ、これを「三事」と称したそうである（『明宮史・飲食好尚』）。

清代には「海参席」という、海参を目玉にした宴席も行われた。西太后や光緒帝も好んだ海参は、満漢全席の華ともなった。

されば、調理法も発達した。顧禄の『桐橋倚棹録』巻十には、燴海参、十景海参、胡蝶海参、炒海参、拌海参といった料理名が載っている。現代では、さらに数多くの料理法があるけれども、「刺参」を使うか「光参」を使うかで、その趣は大分変わってくる。ナマコは中国沿岸に二十数種類いるというが、食材として刺参と称されるものは、小ぶりな刺のあるナマコで、北の海、遼寧海域の産が名品とされる。

『随園食単』で袁枚が薦めているのは、刺参の醬油煮込みだ。

海参は味のない物であり、沙《すな》が多く生臭気《なまぐさけ》もあるので、最も扱いにくい。しかし天性は濃重であるから、断じて清《あっさり》した汁で煮てはならぬ。小さい刺参《ツウシン》を吟味して、まず水に浸して沙や泥を去り、肉の汁で滾泡《こんほう》すること三度、鶏と豚肉と両様の汁を用い、醬油をさして、とろけるほどに煮込む。輔佐《あしらい》には香蕈《しいたけ》・木耳《きくらげ》を用いる、それはその色が黒くて似ているからである。（青木正児訳）

ナマコ料理としては、この種の醬油煮込みがもっとも代表的だろう。

わたしは昔、新宿の「鹿鳴春飯店」で「紅焼刺参」を食べた時、初めてナマコというものが好きになった。刺参はプリプリした歯ごたえで、濃厚な醬油味がよくからんでいる。もどし加減が良かったので、プンと海の香りが漂い、生のナマコの香りも微かにする。クラゲもそうだが、この種の乾燥品はもどす時に香気が抜けないようにするのが肝腎だ。

瀋陽の「御膳酒楼」で宴会をした時も良い刺参を味わったが、その料理には「一字乾坤」という名前がついていた。同席したわたしの大学の恩師は、そのいわれを御存知だった。ナマコには頭もなく、尻尾もない。初めもなく終わりもない〝乾坤（宇宙）〟と同じだというわけである。

上海の誇る大烏参

一方、刺のないナマコを光参という。刺参に較べると概して大味だが、やり方によっては、それも個性として生きる。

上海のナマコ料理で有名なものに、「蝦子大烏参」というのがある。『中国名菜精萃』によると、この料理が考案されたのは一九二〇年代末のことで、当時、上海人はあまりナマコを好まなかった。そこで干しナマコを扱う商店の経営者たちが「徳興館」のコックと相談し、ナマコ料理を試作させた。蔡福生《さいふくせい》と楊和生《ようわせい》というコックがナマコに筍の薄切りをあしらった「紅焼海参」を売り出したところ、好評を博した。その後、ナマコは味が淡泊なので、鮮味を補うために蝦子（エビの卵を干したもの）を使った「蝦子大烏参」が考え出され、これは有名になって、魯迅、白楊《はくよう》、周信芳《しゅうしんほう》といった人々も味わったという。

「徳興館」は今も昔ながらの上海料理を出す料亭として健在である。

わたしも最近上海へ行ったおり、ここで昼食をしたためた。

店は預園から程遠からぬ川べりの町角にあり、「天下第一参（天下一のナマコ）」の看板が出ている。わたしたちは川風の入る二階の窓際に席を占めて、料理を注文した。店は一昔前の中国を思わせるのんびりした雰囲気で、店員の応対ものんびりしている。心なしか、お客も〝老上海〟といった様子の人が多い。

　わたしたちは「紅焼青魚肺」など数品を注文した。名物のナマコもとった。やがて出て来た「蝦子大烏参」は、大きくて薄茶色いナマコが黒い汁の中にデロリと横たわっている。汁はなるほど、蝦の子の味がしてかなり濃厚だが、葛餅のように柔らかいナマコにからめて食べると、イケる。酒のすすむ料理である。思うに、この料理に使うツルツルの大ナマコ――「大烏参」――は、大味なればこそ蝦の子に合うのだ。刺参とは違った世界が生まれたわけだ。

　二年前、やはり上海で特級厨師・徐浩清《じょこうせい》氏が腕をふるった宴会に出た時も、「烏龍吐玉珠」という大烏参の料理が供された。

　わたしたちは前日、厨房で仕込みをしているところを見せてもらったが、もともと大きい大烏参が時間をかけてもどされ、巨大というべき大きさになっていた。それを、酸味と辣味《からみ》のきいた汁で煮込み、鳩の卵のゆでたのをあしらう。真っ黒いナマコと白く半透明な鳩の卵の取り合わせが美しかった。ナマコは匙で食べたが、柔らかくゼリーのようである。酸辣のタレがよくしみこんでいる。微かに舌を刺すイガイガがあるのはウニと同じで、棘皮動物特有の骨片だ。なるほど、動物学の分類はダテではない。

「楊州飯店」のナマコ定食

袁随園は黒いナマコに椎茸など黒いものをあしらったが、「烏龍吐玉珠」は黒と白の取り合わせである。これもナマコ料理に於ける一つの定石のようだ。

『満漢全席記略』に載っている「烏龍蟠珠」という料理は、ナマコに魚円（魚団子）を配している。同書によれば、王莽《おうもう》が漢の天下を簒奪《さんだつ》したとき、料理人がこれをつくったという伝説があるそうだ。スープの中にナマコがいて、あたかも龍のようであり、そのまわりを魚団子が星のごとく囲んでいる。これは朕《ちん》の王位が揺るがぬしるしであろうといって、王莽は喜んだという。

やはり白と黒を対照させた料理に、北京の山西料理の名店「晋陽飯荘」の「鶏米海参」がある。これは薄切りにしたナマコの上に、鶏米——鶏の笹身をあられに切って、衣をつけて揚げたもの——をまぶして出すのだ。

わたしは昔、この料理の写真を見てナマコが無性に食べたくなり、小岩の「楊州飯店」のおやじさんに、ナマコ料理を特注した。

十数人の宴会だったが、果たして、黒々とした大ナマコが山のように出てきた。胡椒を利かせた薄い塩味で、上品な味つけだったが、あまりにも量が多すぎ、食べても食べても、いっこうに減らない。食傷したわたしの友人たちは、どうしてこんなにナマコを頼んだのかとしまいにわたしを詰《なじ》った。

この時、おやじさんはイリコを大分まとめて仕入れたらしい。その後二月くらい、「楊州飯店」の日替わりメニューを記した黒板には、「ナマコ定食」と書いてあったのである。

追記——せんだって、青森駅前の寿司屋でナマコの握り寿司というものを食べたら、何と、生なのに柔らかい。聞けば、陸奥湾の砂地でとれるナマコは柔らかいのだそうな。旅はしてみるものだ。

鯉

中島敦の中華料理賛歌

明治以降の日本の小説家で、中華料理をもっともおいしそうに描いたのは誰だろう、とふと思った。

谷崎潤一郎の『美食倶楽部』は誰しも思い浮かべるだろうが、あの小説に描かれているのはほとんど空想の料理であるし、味覚よりもむしろ性感に訴えかける種類のもので、わたしの食欲をそそらない。林芙美子の小説の主人公が食べる〝支那そば〟はじつにうまそうだが、中華料理といえるかどうかわからぬ。芥川龍之介は『江南遊記』に、北京で食べたデザートの「八宝飯」が美味かったと記しているが、秦淮《しんわい》の美人に目を奪われて、料理のことはあまり印象に残らなかったらしい。

わたしの思いつく範囲では、中島敦の「聘珍楼雅懐」が、短歌という形式ではあるけれども、中華料理賛としてほとんど唯一の傑作である。

一九三七年七月に蘆溝橋事件が起こり、日中戦争が始まった。「聘珍楼雅懐」はその後に書かれたもので、横浜「聘珍楼」での宴を十四首の歌に詠んでいる。わたしは以前、国書刊行会から出た『美食』というアンソロジーにこれを入れたことがあるが、御覧になった方も少ないだろうから、ここにもう一度引用する。

初めの三首は、日中が敵対する険しい情勢の中で、それでも料理は憎くないといって、華国の美味への愛着をうたう。

冬の夜の聘珍と聞けば大丈夫《ますらを》を思へる我も心動きつ
国つ仇と懲し伐つとふ国なれど唐《から》の料理の憎からなくに
うましもの唐の料理はむらぎもの心のどかに食ふべかりけり

さて、席について、料理が順々に出てくる。それをこの歌の作者は何と嬉しそうに味わっていることだろう！

白く濃き唐黍《たうきび》スウプ湯気立ちてあら旨げやなうす脂うく
白く濃き唐黍スウプする〳〵と啜《す》へば心も和《なご》みけらずや

家鴨《いへがも》の若鳥の腿《もも》の肉ならむ舌にとけ行くやはらかさはも
大き盤に濛々として湯気《けむり》立つ何の湯《タン》（スウプ）ぞもいざ味見《あぢみ》せん
肉白き蟹の巻揚《まきあげ》味軽《かろ》くうまし〳〵とわが食《を》しにけり
かの国の大人《たいじん》のごとおほらけく食《を》すべきものぞ紅焼鯉魚《ホンシヤウリギョ》は
甘く酸き匂に堪へで箸とりぬ今宵の鯉の大いなるかな
甘酢かけて食ひもて行けば大き鯉はやあらずけり未だ饜《あ》かなくに
冬の夜の羊肉《ひつじ》の匂ふとかげば北京のみやこ思ほゆるかも
いさゝかに賤《いや》しとは思《も》へどなか〳〵に棄てがたきものか酢豚の味も
みんなみの海に荒ぶる鱶の鰭に逢はで久しく年をへにけり

ちなみに最後のフカヒレの歌はフカヒレが出てこなかったというのではなく、幾年《いくとせ》を経て、ここ「聘珍楼」でやっと再会した喜びを述べているのだ。作者はこの気の利いた歌を掉尾に据えるためか、料理の順番を多少入れ替えているらしい。フカヒレはたぶん宴の初めの方に出てきたろうし、玉蜀黍《とうもろこし》のスープはあとの方だったろう。「大いなる」鯉も酢豚よりあとだったろう。ちなみに、「紅焼鯉魚」とあるのは「糖醋鯉魚」のことかと思われる。「甘く酸き」タレをかけた揚げたての熱々《あつあつ》の鯉が、思わず唾がわいてくるような良い匂いを立てて、人々がいっせいに箸を伸ばすようすが目に浮かぶ。そうだ。昔は東京などでも中華料理の宴席といえば、おしまいに、この鯉の丸揚げ――「糖醋鯉魚」――が、決まりごとのように出て来たものだ。

わたしと鯉

わたしは、しかし、その唐揚げを一度も美味しいと思ったことがなかった。幼いわたしの味覚からすると、あんかけのあんは甘すぎるか、酸っぱすぎる。それに細切りの野菜があんに入っていて、ともすると人参が混じっている。わたしは人参嫌いなので、これがまず気に入らぬ。魚の方も骨っぽいし、どうも生臭い。あんな不味いものを、何を好きこのんで食べるのだろう――このことはわたしにとって一つの謎であった。

やがて酒を嗜む年齢になると、和食の鯉も食べる機会を得たが、あまり好きにはなれなかった。「あらい」と「鯉こく」、それに「甘煮」のうちで、鯉こくはまあ嫌いではなかった。思い出すのは、新宿南口が再開発される前にあった「日本晴」という立ち飲み酒屋で食べた鯉こくだ。味噌味が濃かったので、泥臭さも気にならなかった。

あらいは旅館などで食べたが、時にひどく臭いのがある。一度、福島のM温泉に行った時、夕食にあらいが出たが、硫黄のきつい温泉だったから生簀《いけす》の鯉も硫黄臭く、食べられたものではなかった。鯉の甘煮を自慢料理といって出すところもあるが、甘ったるいので三舎を避ける。されば、総体的に鯉料理などうまいものではないと思い、わざわざ食べる気はしなかった。

外はシャリシャリ、中はホコホコ

鯉の味を見直したのは、「糖醋鯉魚」の美味しいのにありついてからだ。

十数年前のことだが、ある日、神田を散歩していて、夕暮れ時になった。昌平橋のたもとにある「萬楽飯店」にフラッと入り、珍珠丸子《ちんじゅわんず》などをつまみに白酒を飲みはじめたが、店の奥を見ると、階段の下に青いポリバケツが置いてある。水が張ってあり、何かいるらしい。

おかみさんにきいてみると、その日、宴会の予約があったので唐揚げにする鯉を仕入れたが、予約が流れてしまったのだそうだ。

「あなた、食べない？」とおかみさんは言った。

わたしは一人きりだったから、一尾《いっぴき》は多すぎると思った。それに前述のごとく、鯉の唐揚げは不味いものだと子供の頃から思い込んでいる。ためらっていると、「半身はあらいにして、半身は唐揚げにしてあげる」とおかみさんはいう。せっかくのお勧めだから、つくってもらった。

あらいの方は白酒に合わなかったが、そのあとに出て来た唐揚げを食べて、びっくりした。

二度揚げした鯉に野菜の細切りが入ったくずあんをかけ、上から錦糸卵がまぶしてある。見たところはありきたりな「糖醋鯉魚」にすぎないけれども、揚げ加減がよくて、小骨がちっとも気にならず、しかも身がパサパサでない。くずあんの味も甘すぎない。それに食感が何ともいえぬ。鯉の身の外側はシャリシャリ、中はホコホコ、くずあんはトロトロ、錦糸卵はホコホコしている。

わたしはアッというまにそれを平らげてしまった。そして思った——なるほど、上手な人がつくれば「糖醋鯉魚」は御馳走なのだ。

おそらく中島敦が食べたのも、ああいう佳品だったのだろう。

小諸の鯉

和食の鯉の良さもおいおいに知ったのは、旅行をするおかげである。

わたしは信州・別所に近い田沢温泉というところが好きで、たまに泊まりに行く。ある時、所用で諏訪へ行った帰り、この温泉に寄ろうと思い、小淵沢で小海線に乗り換えた。チンチン電車のようなローカル線で山中の景色を楽しんだあと、ちょうど正午《ひる》頃小諸に着いたので、食事をするために途中下車した。

といっても、不案内な町である。さて、何を食べようと駅前の繁華街をうろついているうちに、古い、白《しら》けた土蔵のような建物が目にとまった。「一ぜんめし　揚羽屋」という看板が出ている。興味をそそられて入ってみると、中は奥行きのあるつくりで、片側の壁に設けられた棚に島崎藤村の全集や写真が飾ってある。じつは、この店は『千曲川のスケッチ』に出てくるそうで、その当時は豆腐屋だったが、簡単な食事もできた。藤村は時々ここへ来て、地元の人々の会話に耳傾けていたという。

そんな話を御亭主から聞きながら、地酒を飲んだ。つまみには蕗《ふき》の薹《とう》味噌、それに胡麻の入った「しらみ豆腐」の冷奴をとった（豆腐に胡麻を入れるのは藤村のアイデアだったそうな)。

そのうち、御亭主が「鯉はお嫌いじゃありませんか？」ときくので、「食べられます」とこたえると、何やら料理が出て来た。一見して例の甘煮かと思ったが、そうではなく、内臓《わた》だけを甘辛く煮たものだ。山椒をふりかけて食べると、ほろ苦く、甘く、香ばしく、まことに結構な酒の肴である。ああ、こんな食べ方もあるのかと思った。

米沢でのめぐりあい

小諸で食べたのは有名な佐久鯉だったが、鯉の名産地は意外と日本各地にある。宮崎の鯉も良いというが、わたしはまだ味わったことがない。米沢でめぐりあった鯉は、文字通り、目からウロコが落ちるほどの美味だった。

一昨年の春、小野小町ゆかりの小野川温泉に泊まった帰り、米沢で昼食をとることにした。タクシーに乗って、良い店を教えてくれというと、御当地の料理といえば米沢牛か鯉が有名だという。牛肉は前の晩旅館でたらふくいただいたから、今日は違うものが食べたいというと、運転手はやはり鯉をすすめる。わたしとしては魅力を感じなかったが、ともかく、ゆっくり昼酒が飲めさえすれば良いと思って、「六十里」というお薦めの店に乗りつけた。

そこは民家風の大きな料亭だった。わたしは二階の座敷に上がり、「鯉こく定食」を注文した。時間が早いのか、他に客はいない。地酒をチビリチビリ嘗めながら、テーブルの上に置いてある説明書きを読んだ。それには、当地の鯉料理の由緒が記してあった。

米沢藩といえば、上杉鷹山公の指導の下に山菜料理なども発達したところであるが、鷹山公はまた鯉の飼育も奨励したため、鯉料理は当地の自慢となり、ことに塩焼きが美味とされているそうである。

しばらくして出て来た料理は、たしかに自慢に値するものだった。定食なので、鯉こくの他に色々な物が少しずつ付いてくる。鱗の唐揚げ、鯉の卵のゼリー寄せ、稚魚のフライ、あらいに鯉こくだ。まずあらいのうまかったこと！　臭みがないだけではなく、脂がのっていて、まるでシマアジやカンパチの類を食べるような豊かな味がある。白子入りの鯉こくは上品な白味噌仕立てだったが、あらいにしてもそれほど美味な鯉であるから、身がプリプリして踊り出しそうな感じだ。

こんなに鯉がうまかったら、鯛も平目も要らないと思った。

黄河の鯉

中国では遠く『詩経』の昔から、黄河の鯉が美味ということになっている。陳風「衡門」の詩にある次の一節は有名だ。

豈其食魚
必河之魴
豈其取妻
必齊之姜

豈其食魚
必河之鯉
豈其取妻
必宋之子

魚《うお》を食《く》うなら　黄河《こうが》の魴《おしきうお》に限《かぎ》ろうや
妻《つま》をめとるなら　斉《せい》の姜《むすめ》に限《かぎ》ろうや
魚《うお》を食《く》うなら　黄河《こうが》の鯉《こい》に限《かぎ》ろうや
妻《つま》をめとるなら　宋《そう》の子姓《むすめ》に限《かぎ》りはせぬ

（高田真治訳）

これは女が男にくどきかける文句で、魚は黄河の魴や鯉ばかりじゃない。女だって、良《い》い女は斉の姜《きょう》さんや宋の子《し》さんに限ったわけじゃない。このわたしだっているじゃありませんかというわけである。この詩が歌われた当時、すでに黄河の鯉が名を馳せていたことが察せられる。

春秋時代から養殖されていたといわれる鯉は、中国人にとって特別な意味を持つ魚であるようだ。この魚は「年画」にも登場するし（太った童子が鯉にまたがり、「年年有余」と書いてあるのがそれだ）、古くから神前の供え物にも用いられた。

『詩経』の周頌「潜」に、こうある——

猗與漆沮
潛有多魚
有鱣有鮪
鰷鱨鰋鯉
以享以祀
以介景福

ああ、漆水や沮水には寒くなって、川の中に柴を積んで魚の蔵《かく》れる処を造って、魚を捕《と》るので、魚が捕れる。鱣《てん》も有り、鮪《い》も有り、鰷《はえ》・鱨《ぎぎ》・鰋《なまず》・鯉《こい》も多い。これらの魚を神にささげ進めて祭り、景《おおい》なる福を大いに祈り求める。（同）

孔子に子が生まれた時、魯の昭公はお祝いに鯉を贈った。孔子は息子に「鯉」という名をつけた。鯉のように元気な子に育つことを祈ったのだろうが、親より先に亡くなってしまった。

鯉と「登龍門」

遠い昔からこの魚に結びつけられているさまざまな観念は、民俗学者にとって一つの大いなる研究対象だろう。その中でも、とくに知られているのは「登龍門」の故事である。

伝説に、鯉は龍門を越えると龍になるという。

龍門は〝禹門口〟ともいって、山西省河津県の西北に位置する場所だ。黄河の両岸がここへ来てそばだち、さながら門のようになっている。『後漢書』の李賢注に引かれた辛氏「三秦記」に曰く――

河津一名龍門、水険不通、魚鱉之類莫能上、江海大魚薄集龍門下数千、不得上、上則爲龍也。

河津は一名龍門といい、水の流れが険しくて通れず、魚やスッポンの類は上ることができない。江海の大魚が龍門の下に数千と集まるが、上ることができぬ。上れば龍になる。

衆を抜きん出て難所を越え、龍となる魚は、科挙の難関を乗り越えて官界に雄飛する秀才の象徴となった。官僚国家中国では古来立身の望みといえば、すなわち役人になることだったから、この象徴はまことに強く人々の心をとらえたのである。

鯉の唐揚げ――「糖醋鯉魚」も、この龍門の鯉を思わせる形状にするのが良いという。すなわち、鯉が頭と尾を上げ、身を躍らせて跳びはねる姿にこしらえるのだ。この料理は各地でつくるが、ことに山東省済南の名菜として知られている。『中国名菜精萃』によると、これはもと黄河の重鎮、洛口鎮でつくりはじめた料理が人気を呼び、済南に伝わったのだという。洛口は醋《す》の産地なので、おいしい甘酢のタレができたのである。

「糖醋鯉魚」は生きた鯉でつくらなければ美味しくない。済南の「匯泉楼」という料亭では、中庭の池に黄河の鯉を飼っておき、客に好きな鯉を選ばせて料理したという。

鯉と龍

鯉は龍になるというので「龍魚」の俗称がある。それ故、龍の代用品に用いられることもある。

中国では古来「八珍」といって八つの珍味を並べ立てるが、一説によれば、その八つとは「龍肝、鳳髄、豹胎、鯉尾、鶚炙、猩唇、熊掌、酥酪蟬」だ。このうち、龍肝と鳳髄は現実には存在しないから、他のものを龍や鳳に見立てる。鳳に見立てられるのは、鶏などの鳥だ。龍肝の代わりには「白牡馬の肝」を使ったという話があるが、鯉の白子を使う場合もある。『金瓶梅飲食譜』という本に載っている「烹龍肝」の製法を見ると、白子に衣をつけて低温の油で軽く揚げ、大蒜《にんにく》、筍、香菜をあしらっていて、中々うまそうだ。

白子といえば、ブリア゠サヴァランの『美味礼讃』（「ヴァリエテ」）に、鯉の白子と鮪《まぐろ》を混ぜてオムレツの具にするやり方が出ているが、あれは一体どんな味がするのだろう。

「溜魚焙麺」

同じく龍との連想にかかわりのある料理として、河南省の名菜「溜魚焙麺」が挙げられよう。

　これは鯉の丸揚げに細い麺を添えたものだ。魚にそばとは不思議な取り合わせに思えるが、理由がある。「溜魚焙麺」に使う麺は〝龍鬚麺〟といって、拉麺のうちでももっとも細い種類の麺である。されば、これは龍肉と龍鬚を食べるという趣向なのだ。『満漢全席記略』に、この料理にまつわる話が載っている。

　北宋の時代、汴梁城内にとある酒家があり、黄河の鯉を料理して中原《ちゅうげん》に名を馳せていた。

　この店の亭主に年頃の娘があった。たいそう美しい娘で、仲人口は引きもきらなかったが、亭主は「鯉をおれよりうまく料理する男でなければ、娘はやらない」と条件をつけた。それで金持ちのどら息子たちは尻込みし、料理の腕に自信のある若者が集まって来た。

　ある日、一人の秀才がやって来て、お嬢さんを嫁にほしいといった。

「結婚の条件を知っているか」と亭主がいうと、「知っている」とこたえる。

「じゃ、料理ができるのかね」

「いえ、さっぱり」

「それなら、何をしにきたのだ」

すると秀才、落ち着きはらっていうには、

「僕は料理をつくるのは下手ですが、味わうことには優れています。色々な珍しい料理の献立が頭の中に詰まっているんです。これでお嬢さんをもらえませんか」

亭主は「ううむ」とうなり、ためしに教えを請うてみると、秀才は「溜魚焙麺」の作り方を教えた。そこで亭主は娘との結婚を許した。

その後、秀才は舅と共に次々と新しい料理をこしらえ、店はますます繁盛したという。

「溜魚焙麺」を西太后が賞美した話は色々な本に載っている。『中国飲食趣話』によると、清末、光緒帝が慈禧太后と共に西安から北京へ帰る途中、開封の孫《そん》可《か》法《ほう》という料理人がつくった「溜魚焙麺」を食べて、いたくお気に召した。光緒帝は「古汴珍饈」とほめ、西太后は「膳後忘返」とほめた。そこでおつきの太監が筆を執《と》り、「溜魚何処有、中原古汴州」としたためて、開封県の役人に与えた。

のちに袁世凱が西太后の歓心を買うため、息子を開封に遣わして名料理人を招き、北京に河南料理の店を開かせた。それ以来、「溜魚焙麺」は京師の人々にも知れ渡ったという。袁世凱は「狗不理包子」を西太后に献じたともいわれているが、食べ物で御機嫌がとれるなら世話のない話だ。西太后も案外に人の良いおばさんだ。

袁枚と鯉

中国の鯉の名産地は黄河以外にも、黒竜江省の鏡泊湖、広東省の文岃など各地にあるが、どうも江南に来ると、この魚の声名はさほどふるわないようだ。

現代の蘇州、杭州、揚州などの料理書を見ても、鰻・タウナギは別格として、淡水魚で幅を利かせているのは、桂魚、青魚、鮒《ふな》、鰣魚といったところである。名高い杭州の「西湖醋魚」は草魚を使う。揚州の「三頭宴」に使う魚頭は花鰱の頭だ。鯉料理は「糖醋活鯉魚」が時々本に載っているくらいで、はなはだ影が薄い。

『随園食単』の作者袁枚は杭州に生まれ、生涯の過半を南京ですごした。この人が書いた『食単』の「川魚の部」に鯉料理の項目はない。ただ、「有鱗水族の部」に鯉の「糟鯗（乾魚の糟漬）」が、「材料の選用を知ること」の条に鯉の「魚鬆《でんぶ》」が出てくるだけだ。

それについて、林苛歩《りんかほ》氏は曰く——袁枚は科挙に合格して北京の都にも上ったのだから、鯉の美味さを知らなかったはずはない、と。『清稗類鈔』飲食類には、彼が秦淮の鯉を好んで食べたという話が載っている（「袁子才食秦淮鯉」）。それでも『食単』に載せないというのは、自分の家では料理しなかったのだろう。南京あたりでは鯉を食べなくとも川魚に不自由はしない。桂魚があり青魚がある。鰣魚は鱗がうまく、花鰱は頭がうまい。揚子江には他にもまだまだ美味しい魚がいる。鯿魚、鮰魚、刀魚《たちうお》、白魚、河豚、蝶鮫《ちょうざめ》まで海から上ってくる。

郎は食う　鯉魚の尾を

鯉料理について、時代ははるかに溯るが、李賀の詩「大堤曲」にこんな句がある。

蓮風起
江畔春
大堤上
留北人
郎食鯉魚尾
妾食猩猩脣

蓮風《レンプウ》　起《おこ》り
江畔《コウハン》　春《はる》なり
大堤《ダイテイ》の上《うえ》
北人《ホクジン》を留《とど》む
郎《ロウ》は食《くろ》う　鯉魚《リギョ》の尾《ビ》を
妾《ショウ》は食《くろ》う　猩猩《ショウジョウ》の脣《シン》を

鈴木虎雄の注釈によると、この詩は南京の妓女が情人に向かって、大堤などへ遊びに行くなと訴える形をとっている。大堤は現在の湖北省宜城にあり、妓楼があって、北方から来る客人を引き留めて遊ばせる。旦那は鯉のしっぽを食べ、女は猩々の唇を食べるといった楽しいところだから、あなたは行ったが最後帰って来ないだろう、というのだ。

鯉の尾と猩々の唇はいずれも例の「八珍」に数えられているから、こうして対《つい》になっているのだろう。わたしは猩々の唇はまだ食べたことがないけれども、鯉の尾が美味いことは知っている。

以前、東京の信濃町に「香港茶屋」という店があった。広東式の点心を出したが、コック長のYさんは蘇州の人で、魚料理が上手だった。清蒸とか黄燜といった調理法が得意で、青々と蒸しあげた鰻は逸品だったし、一度は蛙の清蒸をこしらえてくれたこともある。

わたしは知人のSさんがこの店に勤めていたので、一時よく通った。

ある日、行くと、Sさんがニコニコして一皿の料理を出した。見ると、蒸した鯉の尾だけが五つほど、扇を開いた形に盛りつけてある。

「しっぽは一番動かすところだから、じつは美味しい。食べて御覧なさい」とSさんはいう。

黒酢をつけて味わってみると、骨のまわりのわずかな肉にこまやかな味がある。

「青魚の尾でやれば、もっとおいしいネ」

Sさんはそういったが、わたしには鯉で十分だった。青魚の尾では「八珍」にならない。それに、その鯉の尾はほんとうに美味しかったのである。

追記――「魚にそばとは不思議な取り合わせに思える」と文中に書いたけれども、その後湖南省長沙へ旅した折、料理屋で「開胃魚頭」という料理を頼むと、生姜を利かせた魚頭の蒸し物に必ず麺が添えられてきた。はなはだ美味く、何度食べても飽きない。けして「不思議な取り合わせ」などではないことを知ったので、ここに記す。

チャプスイの話

小説の中の中華料理

もう大分前のことになる。

ブラックウッドの『中国魔術』という小説を翻訳していたとき、中華料理の名前が出てきて、何だろうと首をかしげた。

その小説はファークというイギリス人の東洋学者を主人公にしている。数年間の中国放浪からイギリスに戻ってきたファークが、旧友をハムステッドの自宅に招いて晩餐を共にする。友人がその家に行ってみると、何やら怪しげな仏像だの竹の簾《すだれ》だので飾り立ててあり、漢人の召使いがいて、夕食の献立も中華風——ファーク氏は器用に箸をあやつり、〝チョウ・チョプ・スイ chou chop suey〟と〝チョウ・オン・ドン chou om dong〟を食べた、というくだりがあるのだ。

横文字で書かれた料理名を見ても何だか見当がつかないので、小岩の「揚州飯店」のおやじさんに訊いてみた。おやじさんはしばらくじっと英文をながめて、やがていうには――「〝オン・ドン〟はたぶんワンタン、〝チョプ・スイ〟はチャプスイのことだろうと思うよ」

なるほど、と納得したが、家に帰ってから、また疑問が湧いた――ワンタンとチャプスイの前についている「チョウ chou」という言葉が、よくわからぬ。仮に「炒《チャオ》」だとしたら、〝炒めワンタン〟というのは面妖だ。〝炒めチャプスイ〟というのも聞いたことがない。もしも「炸《ジャー》」のことだとすると、ワンタンの方は〝揚げワンタン〟でいいけれども、〝揚げチャプスイ〟というのはこれまた妙である。結局自信がないので、訳文には横文字をそのまま片仮名にしておいた。

今となって考えると、あれは〝揚げワンタン〟と〝炒めチャプスイ〟だったかもわからない。最近、チャプスイのことを少し調べてみたら、上に〝炒〟の字が付くことは必ずしも変ではないのを知った。

それについての話を、読者よ、しばらくお聞きください。

チャプスイとはいかなるものか？

日本に「天津丼」だの、「餃子ライス」だのといった和製中華料理があるごとく、アメリカにも独特の〝米国式中華〟がある。

その一つは「フォーチュン・クッキー」だ。デザートに出るクッキーで、中に御神《おみ》籤《くじ》の類が入っている。アメリカ人はこれが出ないと中華料理を食べた気がしないというが、中国ではついぞ見たことがない。それもそのはずで、フォーチュン・クッキーは一説に日系移民が伝えたものだといい、一説にロサンゼルスのヌードル会社が発明したという。いずれにしろ、純然たるアメリカ産品なのである。

これと並んで名を馳せているのがチャプスイだが、こちらはいかなる食べ物か？ わたしはまだアメリカに行ったことがないので、味わう機会を得ない。食べた人にきいてみると、野菜炒めのようなものだという人もいれば、五目うま煮に似ているという人もいる。麺が入っているという話もあれば、御飯にあんがかかっているという報告もある。

興味をおぼえて、インターネットにのっている製法を見たが、これもかなり区々《まちまち》だった。

Aさんのつくるチャプスイには麺が入っている。セロリ、玉葱、平打ち麺をカタクリ粉の入ったソースであしらう。もやし、菱の実、筍を入れても良いという。Bさんはスパゲッティにセロリ、春玉葱、人参、卵、豚肉を入れ、薬味にセージ、玉蜀黍油と胡麻油、黒胡椒、ホット・ソースを使う。一方、C嬢はマカロニに牛ひき肉、缶詰のトマトスープ、玉葱、塩、胡椒でチャプスイをつくる。

麺類を使わないのもある。D氏の「チキン・チャプスイ」は鶏肉と野菜の炒めで、材料は鶏の胸肉、玉葱、ピーマン、セロリ、白菜、もやし、マッシュルーム、筍、菱の実。調味料はコーン・スターチ、チキン・ストック、〝ソイ・ソース〟、サラダ油。

どうも、ゴテゴテしたものがチャプスイらしい。あまり精妙な味は期待できそうもないが、一度は食べておきたい気もする。というのも、この料理には色々な伝説がまつわっているからだ。

彼《か》の『食は広州に在り』に、邱永漢《きゅうえいかん》氏がチャプスイを食べた話が出てくる。

ある時、邱氏はアメリカ船で横浜から香港に帰った。一週間の船旅だったが、船がマニラに停泊した日、食卓に着くと、ウェイターが「今日は中華料理ですよ」といった。西洋料理に食傷していた邱氏はさっそく注文した。さて、目の前に並べられた皿を見ると、「白い飯のそばにもやしと肉を煮込んだような惣菜が」おいてあった。

これは何かとウェイターにきくと、「チャプスイです」と答える。

同船した物知りの紳士が説明するのに、チャプスイとは「雑炊」の当て字だという。清末の重臣・李鴻章《りこうしょう》（一八二三〜一九〇一）がアメリカを訪れた時、アメリカの当局者はその接待に頭を悩ました。

……外国へ行っても自分の国の習慣を固執する人だから、おそらく自国の料理でなければ承知しないだろう。というわけで、彼の宿泊所に当時旧金山《サンフランシスコ》に来ている一流の中国人の厨師を招いて、腕をふるわせたのである。しかし、せっかくの心づくしも山海の珍味に飽いた李鴻章の口には合わなかった。ちょっと箸をつけてみてだめだとわかると、李鴻章は厨師に命じて、次々と出てきた料理を一つ鍋にあけて、ごった煮にさせたうえで、ようやく舌鼓を打ったそうである。だから、チャプスイとはわが国でいう残り物のごった煮のことですよ、と博覧強記氏は笑った。

（前掲書）

李鴻章とチャプスイ

わたしは長い間、この邱永漢説（博覧強記氏説？）をチャプスイ起源の定説だと思っていたが、これには色々異説があることがわかってきた。但し、李鴻章訪米という歴史的事実に関係があるという点では、多くの説が一致している。

李鴻章は清朝末の大政治家だ。外交に携わり、下関条約締結の際、清側の全権大使をつとめたことは御承知の通り。

彼はその翌年（一八九六年）、清の使節としてニューヨークを訪れ、時の大統領クリーヴランドに会った。日清戦争後の厳しい情勢の下で、米国との友好関係を取りむすぶためだったが、この訪問は政治的意味を持つのみならず、文化史的に見ても一つの事件だった。東洋の〝眠れる獅子〟の高官が、史上初めて西洋にやって来たのである。李が大統領に会いに行く際には、警官隊と合衆国第六騎兵隊の特派部隊が護衛にあたり、道筋には見物人が山をなし、子供たちは自転車に黄色いリボンを飾って、歓迎の意を表した。

恰幅良く、長い鬚をたくわえ、いかにも華夏の大官然とした李鴻章の人となりは、アメリカの大衆を魅了した。新聞各紙は彼の滞在中、その言うことなすこと、衣服飲食、泊まっているホテルの部屋のようすまで競って報道した。当時の「ニューヨーク・ジャーナル」紙は、「李鴻章は本紙の日曜版を毎週欠かさず読んでいる」というポスターを作って、自紙を宣伝したほどだった。

この訪米の際――一説によれば一八九六年八月二十九日――彼が賓客にふるまったのがチャプスイだったというのが、一番もっともらしい説である。西洋人の好みを考えて、食べやすいものをつくらせたというのだ。

『中国美食遊』には、李鴻章の出身地・安徽省合肥の名菜として、「李鴻章大雑燴」というものが載っている。

同書によると、李鴻章がアメリカ人のお客を招いて宴会をした。列席者は中国料理をたいそう喜んだ。李鴻章はそこでコックに料理の追加を命じたが、本格的な料理は全部出し終えてしまったので、コックは余った海鮮などの材料を鍋で五目うま煮（雑燴）にした。外国人のお客は絶賛し、何という料理ですかとたずねた。李鴻章は「雑砕」とこたえた。雑砕は北京語では〝zasui ザースイ〟と発音し、一方、雑燴は〝zahui ザーフイ〟であるが、合肥の方言では両者の音が通ずるのである。これより「大雑燴」はチャプスイとしてアメリカに伝わり、合肥でも同じものをこしらえるようになったという。

徐珂《じょか》の『清稗類鈔』に載っているのは、もう少し意地の悪い話だ。

同書「飲食類」中の一文「李鴻章雑砕」によれば、アメリカに行った李鴻章が中国の食べ物を食べたくなり、華人の料理店に注文すること数度に及んだ。西洋人がその名を問うたが、いちいち答えるのが面倒だったので、何でもみな〝雑砕〟ですよ、といって済ました。それより「雑砕」の名は大いに広まり、ニューヨークだけでも雑砕館は三、四百を数え、フィラデルフィア、ボストン、ワシントン、シカゴ、ピッツバーグなどでも、これのない町はないほどになった。全米で「雑砕」によって衣食する者はおよそ三千人。もうかる金は数百万。そして雑砕館のメニューには必ず「李鴻章雑砕」「李鴻章飯」「李鴻章麪」などと大書されたという。

項羽とチャプスイ

李鴻章とチャプスイの関係については他にも色々な説があるけれども、彼の訪米を機に〝チャプスイ・ブーム〟が起こり、ニューヨーク、サンフランシスコなどの大都市を席捲《せっけん》したことは間違いないようだ。それまで、一般のアメリカ人が中華料理店に食べに行くことはほとんどなかったそうであるから、これはアメリカ外食史上の一転機といえる。

ただし、チャプスイはそれ以前からアメリカの中華料理店のメニューに入っていたと多くの人は考えている。抜け目のない料理店主たちが、李鴻章の人気にあやかったこの料理を宣伝したにすぎない、と。

わたしは、李鴻章がアメリカ人に「雑燴」を供したことはあり得ると思う。先に記した『中国美食遊』の説では、合肥の人がアメリカの真似をして「大雑燴」をつくったことになっているけれども、それはこじつけで、この料理は元々彼の地方の伝統的御馳走だったと思われるから。同書に載っている「李鴻章大雑燴」は、海参、魚肚、イカ、干し筍、腐竹《ゆば》、鶏肉、火腿、蛋黄糕、鶉の卵、豚の肝臓、干貝、椎茸、家鴨の塩卵の黄身、ホウレン草などの具を鶏のスープに入れた贅沢な料理だ。

これに類するものは、安徽省の東隣の江蘇省でもつくる。陳寿宏《ちんじゅこう》『名人膳食軼事趣聞』によると、江蘇省北部の下河地区では、婚礼の宴会でまず最初に「雑燴菜」を出すという。

この料理にもまたいわれがある。

覇王・項羽は女といえば虞美人ただ一人を愛し、食事の時はおかずを一品しか食べなかった。そこで、料理人は栄養が偏らないように、土膘（豚皮の揚げ物）、魚膘（魚の浮袋）、鶏糸、魚団子、肉団子、干し海老、菜頭、クロクワイ、木耳、椎茸、筍など、項羽の好物を色々入れて「雑燴」をこしらえたのだという。

李鴻章以前のチャプスイ

だがしかし、仮に李鴻章が「雑燴」を米人に供し、それによってチャプスイの名声が高まったのだとしても、李をこの物の発明者とするわけにはゆかない。チャプスイという英語は、彼がアメリカに行く以前からあったからである。『オックスフォード英語辞典』で「chop-suey」を引くと、一八八八年、すなわち、李鴻章の訪米より八年前の用例が初例として挙がっている。

しからば、チャプスイの本当の起源はどこにあるのか？

〝チャプスイ研究家〟のシャロライン・ウィービ氏はいう――チャプスイの起源は一八〇〇年代末の北アメリカ。それ以上のことは諸説紛々でわからぬ。ただし有力な説によると、ゴールドラッシュの時、中国系移民がしばしば鉱山の賄《まかな》い方となり、かれらの間でチャプスイが発明された。もとは乾した牛肉と豆の煮込みであった、と。

思うに、この問題を考えるには二つの側面から検討する必要があろう。ひとつは料理の内容、ひとつは名称だ。

内容に関していえば、賄いの食事だろうと安食堂のおかずだろうと、肉や野菜のごった煮は遠い昔からあったろう。されば、この意味に於けるチャプスイの歴史は、中国からの移民と共に始まったといってよい。問題は、それがいつから「チャプスイ」と呼ばれ、一般のアメリカ人に中華料理として認識されるようになったかである。

諸々の辞典は、外来語「chop suey」の語源を広東語「雑砕」としている。これは定説として認めてよかろう。「雑砕」は広東語で発音すると、〝ザップスイ zapsui〟という風にP音が入る。この〝zap〟と〝chop〟が入れかわればチャプスイの出来上がりで、これは自然な道筋に思われる。というのも、英語の〝chop〟には肉などをぶつ切りにする、という意味がある――つまり〝砕〟と同じことであるから。

これを裏づけるような話が、ウィービ氏のホームページに載っている。

アメリカに広く流布する〝チャプスイ起源伝説〟の一形態だが――ある夜、サンフランシスコで、評判の悪い地回りの一団が中華料理店におしかけ、食べ物を出せといった。コックは怒って厨房の裏にまわり、ごみ箱からその日の野菜くずを拾ってきて切り刻み、煮込んで出した。すると男たちは「うまい、うまい」といって食べ、それ以来、店にやって来るたびに注文するので、とうとうメニューに加えた。されば〝chop suey〟は〝chopped sewages（切り刻んだ生ごみ）〟の転訛だという。

この種の伝説に於いては、夜中に食事を求める人物が李鴻章だったり、鉱山労働者だったり、土地の有力者だったりする。腹を空かしたかれらのために残り物をごた混ぜにしたら、おいしい料理になったというのが一般的で、野菜くずを食べさせるというのは少し悪質だが、〝chop suey〟の〝suey〟の部分を説明しようとして、こんな話が考え出されたのだろう。

チャプスイ＝台山起源説

ところが、ここでハテなと思わざるを得ないのは、中国語の「雑砕」は肉料理をさすことが多いからだ。

「雑砕」を『漢語大詞典』で引くと、「切り砕いた牛羊などの内臓を煮たもの」という意味が出ていて、用例として『西遊記』（第七十五回）や清の李《り》斗《と》の『揚州画舫録』（「小秦淮録」）が挙がっている。後者は羊の臓物料理だ――「小東門街には食べ物屋が多く、熟羊肉店があった。……まず羊の雑砕を客に食べさせて、これを小吃といい、あとから羊肉羹飯を出した」

朱介凡編『間話吃的芸術』に収められた白鉄錚《はくてつじょう》「北平的羊雑砕」によれば、西洋人は羊の内臓を食べないので、往々にして捨てる。外国に行った中国人がこれを知り、安く手に入れ、「雑砕」をつくって売る。西洋人もこれを食べてみると、味が悪くないので絶賛する。かくして華僑のうちには、雑砕で財を成した「雑砕大王」が大勢いたそうな。（しかし、西洋人が羊の内臓を食べないというのは正しくない。スコットランドの〝ハギス〟は羊の胃を使うではないか！）

この料理とアメリカ式チャプスイ――概して肉よりも野菜の方を主体にしている――とでは、少々趣が違いすぎないだろうか？　アメリカに渡った広東人は、野菜炒めのことを「雑砕」といったのか？

この点をうまく説明するのが、チャプスイ＝台山起源説である。そのことを最初に言い出したのは、孫文の主治医をつとめた医師リー・シュー・ファンであるらしい。この人の自伝『香港の外科医 Hong Kong surgeon』によると、チャプスイは彼が少年時代を過ごした台山の料理で、鶏肉、マッシュルーム、筍、クロクワイなどを入れる。彼は一八九四年に初めてレストランでチャプスイを味わったが、台山ではそれよりずっと以前から、この調理法が定着していたという。

Ｋ・Ｃ・チャン、Ｅ・Ｎ・アンダーソンといった研究家も、この説に与《くみ》する。

台山――地図で見ると広州よりやや南西に位置する町だ――の一帯は野菜の名産地だが、昔から貧しい農民が多かった。かれらの主食は炒麺と野菜炒めで、肉はめったに食べられなかった。何でもその日にありあわせの野菜を一緒に炒めたおかず――それがこの地方の〝雑砕〟だった。つましい農村料理とはいっても、とれたての新鮮な野菜の炒めは美味しいものだ。台山の出身者は外国に渡って、しばしば望郷の念と共にその味を懐かしんだという。

アメリカで鉄道敷設のために働いた中国系移民の多くは広東人であり、台山の出身者も多かった。野菜炒めと炒麺がこの人たちの主食だったとすると、チャプスイの主材料が野菜で、しばしば麺を入れるということに理由がつく。〝台山起源説〟はきわめて有力である。

とすれば、台山からの移民がアメリカに渡った時期が、チャプスイの黎明期ということになるだろう。ただし、チャプスイという言葉は、かなり早くから台山式雑砕以外の物にも使われていたろうと思われる。

『オックスフォード英語辞典』の一八八八年の用例は、綴りが「Chow Chop Svey」となっていて（ブラックウッドの〝チョウ・チョプ・スイ〟はこれか？）、鶏の肝と胃、茸、筍、豚の胃、もやしを香辛料を使ってとろ火で煮たものだ。これはむしろ、ふつうの「肉雑砕」である。

アメリカには中国各地からの移民がいたから、野菜炒めを「雑砕」として出した台山人もいれば、「羊雑砕」をつくった北京人もいただろう。そして、たぶん、李鴻章の訪米以降、「雑砕」と「雑燴」の混同が大いに進行した（それには安徽省出身者が関与していたかもしれない）。漢語がひとたび〝チャプスイ〟というアメリカ語になり、野菜炒めにも肉がひとかけ入り、臓物料理にも野菜が入れば、もうどちらがどちらかわからなくなる。

これらは混然一体となって、アメリカからさらに海外へ渡り、多くの変種を生みだしながら、チャプスイというものの観念を拡大していったと思われる。

貴人とごった煮

ところで、李鴻章の逸話の多くに共通するのは、残り物を混ぜ合わせたら、偶然美味いものができあがったという説話的要素である。しかも、そういう廃物利用的なことを、李鴻章のような偉い人がやった、というのが話の面白味になっている。

宴席で余った料理を「雑燴」にするのは、よくやることのようだが――『食は広州に在り』には、邱家の宴会の翌日につくる〝雑炊〟が好評だった云々と書いてある――そういうものを好んだやんごとない人は、現実にいた。

『烹調小品集』斉魯編「菜肴的再烹調」（張廉明《ちょうれんめい》）によると、孔府の七十六代〝衍聖《えんせい》公《こう》〟孔令貽《こうれいい》は、〝渣菜〟――訳せば屑料理とでもなろうか――を好んだ。すなわち、宴会の残り物を全部鍋に入れて、燴（うま煮）にしたものだ。しかし、〝衍聖公〟といえば孔家一門の頭領である。そんな偉い人に残り物を食べさせるとは外聞が悪い。そこで孔府の厨師たちは彼のために特別の〝渣菜〟を考案し、〝炒雑燴〟と名づけた。その材料は紅肉塊、氽肉丸子、鬆肉、炸山薬（ヤマイモを揚げたの）、炸豆腐、白肉片、素丸子、酥魚など、すべて調理済みの食品である。これらを一緒に鍋に入れるのだ。

右の話は孔令貽の娘・孔徳懋《こうとくぼう》の書いた『孔府内宅軼事』という本に載っているそうな。

史上最高のごった煮は

〝ごった煮〟の中で、史上もっとも贅沢なものは、たぶん樓護《ろうご》の「五侯鯖」だと思う。

『蒙求』に、こんな話が載っている。

漢の成帝の母元后の兄弟に王譚・王商・王立・王根・王逢の五人があり、共に封ぜられて侯となった。いずれも権勢盛んで、賓客家に満つるありさまだった。五侯は名を争い、有能な人士があれば厚遇し、自分の家に引き留めたので、客はよその家に行くことができなかった。ところが、医者の樓護、字は君卿という人だけはすべての家に出入りし、それぞれに喜ばれた。

『蒙求』の作者は『西京雑記』を引いて、曰く――

五侯競《こうきそ》ひて奇膳《きぜん》を致す。護《ご》乃ち合《がっ》して以て鯖《せい》となす。世盛《さかん》に五侯鯖《こうせい》と称して、以て奇味《きみ》となす。

すなわち、この樓護氏のもとへは、五侯が競って珍味佳肴をとどけさせる。樓護氏はそれを混ぜて、鯖（五目煮）にして、食べた。世間の人はそれを〝五侯鯖〟と称した。

何とも豪気《ごうぎ》な話ではないか。これもチャプスイの遠い先祖といえよう。

馬肝

ベニテングタケの塩漬け

酒が好きで旅行の好きなわたしにとっては、旅先で自分好みの居酒屋を見つけて、一杯やることが無上の喜びである。

信州・上田でも、そんな店を一、二軒発見した。その一つは、駅前の古いビルの横にある焼肉屋だった。このところ、しばらく上田へ行っていないから、今もまだあるかどうか知らない。昼の三時頃から暖簾《のれん》を出しているこの店は、カウンターだけの小さな店で、焼肉や馬刺などを食べさせる。焼肉もうまいが、何よりも亭主があたたかい人柄で、上田へ行けば、わたしは必ず立ち寄るのだった。

ある秋の日の夕方、ここで飲んでいたら、山へ茸採りに行った常連客が、袋いっぱいの茸をお土産に持ってきた。何という茸だったか忘れたけれども、小さくて焦げ茶色だった。亭主はそれを早速炒め、お客みんなに食べさせてくれた。

その茸は林の湿った土の香りがした。何という美味しいものだろうとわたしは思った。各地にこんな美味しいものがある日本列島は、何と幸せな島国だろうと思った。

その茸の客と亭主が話をしているうちに、話題がベニテングタケのことになった。茸の中では、何といってもベニテングタケに勝る旨いものはない、とお客はいう。わたしは驚愕した。子供の頃から、ベニテングタケといえば毒茸の代名詞と了解している。

「そんなものが食べられるんですか？」ときいてみると、その人がこたえるには、食べられる――秋にベニテングタケをとったら塩漬けにしておき、正月に出して食べる。ただし、たくさん食べれば死んでしまう。最初の年はまず茸の笠の四分の一だけ食べて、その年はそれでおしまいにする。翌年は半分食べる。そうやってだんだんに量を増やしてゆくと、一本くらい食べられるようになる……

読者よ、真似してはいけません！　もちろん、こんな毒茸を食べることは自殺行為だが、一部の土地では昔からの習慣で食用にするのだ。

店の亭主もかつては食べていたけれども、ベニテングタケの毒は体内に蓄積されるというので、今は食べるのをやめたという。

「おいしかったですか？」ときくと、「おいしいねえ」としみじみこたえた。

そう言われると、一口くらい食べてみたい気もした。

中国人と馬肉

　毒あるものを命を賭《と》して食べるのは、傍《はた》から見れば随分愚かな振舞いのようだが、ある種のものは危険さの故によけい美味しく感じられるのだから、仕方がない。その代表格は、もちろん河豚だ。河豚は日本人のみならず中国人も古来食べている。さらに、古代中国では馬肝（馬の肝臓）もまた命懸けの食べ物だった。

　わたしは以前、「馬肉、驢馬肉」（『中華満喫』所収）という文章を書いた時、『史記』の一節（「秦本紀」繆公十五年）を引用して、馬を食べるのは〝野人〟といわれた人々の食文化と関係があるのではないかという憶測を述べた。しかし、それは間違いだった。謹んでここに訂正する。春秋戦国から秦漢時代の人々は、べつに野人でなくても馬を食べていたのである。その証拠の一つとして『塩鉄論』「散不足」篇が挙げられる。

　前漢の武帝の時代、相次ぐ戦争の費用を賄うために、国が塩・鉄・酒の専売と均輸の制度を設けた。昭帝のとき、このやり方の是非をめぐって、大臣と知識人たちが論争を行った。『塩鉄論』はその際の記録に基づき、宣帝時代（前七三～四九年）の人・桓寛《かんかん》が書いた戯曲形式の書物である。

論争の中で、〝賢良〟と呼ばれる知識人たちは、生活を古代の質樸さに戻すことが必要だと主張し、社会に於ける富の偏在と奢侈《しゃし》の風を指摘する。それが「散不足」という一章で、ここに、当時民間の市肆《しし》で売っていた食べ物が列挙してある。

むかしはよく煮た食べ物を売らず、市場では食事をしませんでした。その後になると、犬や羊を殺して売り、酒を売り、干し肉・魚・塩を売るだけでした。ところが今日、よく煮た食べ物を売る店が並び、たくさんの骨つき肉が市場に出され、仕事をなまけ、好きな時に食事をします。ぶた、にら卵、犬の薄切肉、馬肉のあつもの、あぶった魚、切った肝、羊の漬肉、鶏肉のしおから、馬のちちざけ、屋上でほした羊の胃の肉、煮た小羊の肉、豆入りあめ、ひな鳥や雁のあつもの、においのある鮑、おいしいゆうがお、よい米などがあり、食べ物をまぜたりあぶったりもします。

（佐藤武敏訳）

御覧の通り、馬肉は市場で気軽に食べられたわけだ。

一方、司馬遷の『史記』（巻百二十六「滑稽列伝」）には、こんな逸話が載っている。

昔から、人間よりも動物を大事にするのは馬鹿殿様と相場が決まっているが、楚の荘王もその一人だった。愛馬に刺繍の衣をまとわせ、美しい建物に入れて、棗《なつめ》や干し肉を食べさせていたが、馬は太りすぎて死んでしまった。王はこれを大夫の礼で葬ろうとした。諸臣は反対するが、王は耳を貸さず、この件についてつべこべ言うと死刑にすると脅かした。優孟《ゆうもう》という楽人がこれをやんわりと諷《ふう》したので、王はやっと過ちを悟った。それではどうして葬ろうと王が優孟に問うと、

　優孟は答えた、「大王さまのおんためには、なにとぞ、あれは畜生として葬ってくださいませ。土の竈《かまど》を椁《かく》（槨）とし、銅の大鍋を棺とし、薑《しょうが》と棗を加えてまぜ、木蘭《もくらん》（香草）をそなえ、うるちの米をそえて祀《まつ》り、火の光の衣を着せ、人間の胃腸に葬りましょう」。そこで王は馬を太官（膳部《ぜんぶ》係）にさげわたし、長く世の噂とならないようにとりはこんだ。（小川環樹・今鷹真・福島吉彦訳）

これなど、当時の〝さくら鍋〟がどんなものだったかを物語っている。すなわち、馬肉に生姜と棗を加えて煮、木蘭を薬味として、米といっしょに食べたのだ。

文成馬肝を食ひて……

古人が馬を食べていたことは、このような材料から証されるが、ここにひとつ面白い現象がある。馬肉といえば我が国では〝タテガミ〟などを珍重するけれども、当時の中国では肝臓が珍味とされていた――しかも危険な珍味と。

漢の武帝は秦の始皇帝と同様、不老不死と神仙に憧れ、いかがわしい方士たちに散々だまされた。『史記』の巻十二「孝武本紀」に、そうした方士たちの言行が記されている。

たとえば、斉人の少翁《しょうおう》という人物は鬼神の方に長《た》けているといって、武帝に見《まみ》えた。武帝は寵姫の王夫人が死んで悲しんでいたところ、少翁は方術をもって、一夜、帷《とばり》ごしに王夫人と竈鬼《そうき》（かまどの神）の姿を見せた。これより帝は少翁を信用し、文成将軍の名を貺《おし》って優遇した。

少翁は神仙と通ずるための法を色々指南したが、宮中にいること一年余、神仙はいっこうに現われぬ。そこで、彼は苦しまぎれにペテンをやった。帛《ぬの》に字を書いて牛に食わせ、「この牛は腹中に奇なものがある」といって牛を殺し、書を取り出して見せたのである。ところが、彼の筆跡を知る者があったので、自分で書いたことがわかってしまい、武帝は彼を殺し、死体を隠した。隠したというのは、これにも懲《こ》りず、他の方士を迎える気があったのだ。果たして、武帝は次に欒大《らんだい》という方士に会う。欒大は文成将軍が殺されたことを知っていたので、武帝に見えると、こういった。

臣恐效文成。則方士皆掩口。悪敢言方哉。

臣文成《ぶんせい》に效《なら》はば、方士《はうし》皆口を掩《おほ》ふを恐《おそ》る、悪《いづく》んぞ敢へて方を言はんや。

すると、武帝のこたえるには、

文成食馬肝死耳。子誠能脩其方。我何愛乎。

文成馬肝を食ひて死するのみ。子誠《まこと》に能く其方《そのはう》を修《をさ》めば、我何《なん》をか愛《をし》まんや。

思うに、右の武帝の言葉は二つのことを示している。すなわち、一、馬肝には毒があると当時信じられていたこと、二、それにもかかわらず、人々はこれを食べたということである。

日本人は比較的馬をよく食べるが、馬の肝臓に毒があるという話は聞かない。当時の中国人がこれを食べて中《あた》ったというのは、調理法が悪かったか、付け合わせが悪かったか、あるいは馬に伝染病でもあったか、思い込みか――何か特別の事情があったのだろう。

ともかく、馬肝有毒説は諸々の書物に見える。

『史記』の注に引かれた「儒杜傳」に曰く――「肉を食ふ、馬肝を食ふこと無《なか》れと」

司馬貞による『史記』の注『索陰』を見ると、巻二十八「封禅書」の同文の個所に、王充《おうじゅう》の『論衡』（「言毒」第六十六）が参考として挙がっている。それは次の個所である。

　火困而氣熱、〔氣熱〕血〔而〕毒盛。故食走馬之肝殺人、氣困爲熱也。

　火が封じ込められると陽気が熱し、〔陽気が熱せられると〕毒気が強められる。そ

れゆえ疾走する馬の肝肉を食べると、人が中毒して死ぬのは、陽気が封じ込められ、熱を帯びているからである。(山田勝美訳)

ただし、ここでは「疾走する馬」の肝が毒だと言っているので、すべての馬肝が毒だと言っているわけではないことに御注意いただきたい。

『史記』の巻百五「扁鵲倉公列伝」は扁鵲《へんじゃく》・倉公《そうこう》という二人の名医の伝記で、その後半には倉公が診た患者たちの症例が挙がっている。

患者のうちの一人、斉の淳于司馬《じゅんうしば》という人は、馬肝を食べた直後に腹を下した。

我之王家食馬肝。食飽甚。見酒來卽走去。驅疾。至舍。卽泄數十出。

我《わ》れ王家に之《ゆ》き馬肝を食ふ。食飽《あ》くこと甚だし。酒の来たるを見、即ち走り去り、駆《く》すること疾《はや》し。舎《しゃ》に至る。即ち泄《せつ》すること数十出なりきと。

淳于司馬は倉公の薬を得て治ったが、倉公の見立てによると、彼は「迵《とう》風」という病気にかかったのだった。その症状は「飲食嗌《えき》に下れば、輒《すなはち》之を後《こう》す」というもので、馬肝を食べたのが悪いとは書いていないが、それを仄《ほのめ》かすようである。

珍味あたかも河豚の肝

しかし、斉王の家では、客にどうしてそんな危ないモノを食べさせたのか？　また少翁が馬肝を食べたというのは嘘だけれども、そんな嘘が通るというのは、宮中でこれを供するためしがあったことを物語っている。やんごとない人々がなぜ死ぬようなものを食べるのか？

同じ『史記』の巻百二十一「儒林列伝」に、その答があった。

同篇に曰く――孝景帝の前で黄生《こうせい》と轅固生《えんこせい》という二人の儒者が言い争った。殷の湯王、周の武王が桀王・紂王を殺したのは、天命であるか、弑殺《しいさつ》であるかについてであった。黄生は弑殺だと主張し、轅固生は天命だと言い、両者相譲らない。しまいに轅固生は黄生に向かって、それなら漢の高祖が秦を滅ぼしたのも弑殺かと言いはじめた。話がどうも穏やかならぬ方向に向かってきたので、孝景帝が議論をやめさせた。

於是景帝曰。食肉不食馬肝。不爲不知味。言學者。無言湯武受命不爲愚。

是に於て、景帝曰く、肉を食ふに馬肝を食はずとも、味を知らずとせず。学を言ふ者、湯武の受命《じゅめい》を言ふこと無しとも、愚とせずと。

馬肝を食べなくたって肉の味がわからぬというわけじゃない――というのは、裏を返せば、馬肝の味を知るほどの人は、味を知り尽くした通人だということになる。すなわち、これは珍味の極なのである。あたかも河豚の肝と似ている。

漢代の人は本当に、馬肝をそれほどおいしく感じたのだろうか？　それとも毒があると信じていたからこそ、これを珍味としたのだろうか？　薔薇は刺があるから美しいのだろうか？

時代は下って、元の賈銘の『飲食須知』（巻八）に、馬肝に中《あた》ったときの対処法が載っている（楊家駱主編『飲饌譜録』より引用する）。

中馬肝毒者。猪骨灰、牡鼠屎、豆豉、狗屎灰、人頭垢竝水服可解。

馬肝の毒に中ったら、猪《ぶた》の骨灰、牡鼠の屎《くそ》、豆豉《とうし》、狗の屎を灰にしたもの、人の頭垢《ふけ》を水とともに服すれば解ける。

人は舌の快楽のためなら、こんなおそるべき薬を飲むことも辞さなかったようである。

＊文中、『史記』の原文と読み下し文は有朋堂版『史記』から引用し、読み下し文は新字体に改めた。

犬と魯智深

『水滸伝』の結末

文学書を学問的に研究するとなると、避けて通れないというより、イの一番にしなければいけないことは、本文の吟味である。いわゆる〝校訂〟という作業が必要になってくるので、これを顧みずに作品や作家を論ずることは、薄氷の上で踊りを踊るに等しい危険なわざだ。なぜといって、流布している刊本間の異同が小さければまだしも（それでも詩などではしばしば重大な問題が生ずる）、ある場合には、版によって作品の相貌がすっかり変わってしまうからである。

『水滸伝』などもその好例といえよう。

この小説は、通俗小説の常として、さまざまな版が伝わっている。大別すると百回本、百二十回本、七十回本の三種類に分けられ、我が国では江戸時代から百回本、百二十回本が読まれてきた。ところが本家中国では、清代以降、金聖嘆《きんせいたん》という人物が改作して評をつけた七十回本がもっぱら流布していた。これは百回本を途中の七十一回でちょん切り、第一回を「楔子《せっし》」（序の意）として、末尾に盧俊義《ろしゅんぎ》の夢の一条を加えたものである。内容の上からみると、天罡星《てんこうせい》・地煞星《ちさつせい》の百八人が梁山泊にうち揃い、血を啜って誓いを交わすところで終わっている。

　これはおそるべき改変というべく、あたかも孫悟空が天宮を騒がし、いい気になったところで『西遊記』を終えてしまうようなものだ。

　いや、それは少し言い過ぎかもしれない。『西遊記』の物語は、やはり悟空、八戒、悟浄が三蔵法師と取経の旅に出なければ面白くない。しかるに、『水滸伝』の魅力は何といっても、世を拗《す》ねた豪傑たちが及時雨・宋江のもとに集まり、腐敗官僚の差し向ける軍勢を蹴散らす痛快さにあるのであって、金聖嘆本が物語の一番おいしいところを掬《すく》っていることは否定できない。しかし、それはたとえていえば、血気盛んな壮年期までを語って偉人の伝記を終われりとするもので、最期を全うしないのは不都合である――けして恥ずかしい最期ではないものを。

　百回本、百二十回本では、豪傑たちは徽宗《きそう》皇帝に召されてめでたく官軍となり、叛徒の征伐に赴くものの、梁山泊を根城としていたこれまでとは勝手が違って、一人また一人と仲間を失い、最後には散り散りになってしまう。首領宋江の仇敵たる悪臣たちは、好機到来とばかりに画策して、宋江に毒酒を贈る。宋江はそれを徽宗の思し召しと考え、進んで毒を飲んで死ぬ。

哀れなのは、黒旋風・李逵《りき》の最期である。彼は百八人の豪傑の中でももっとも凶暴で、二丁の鉈《なた》をふるってやたらと人を殺しまくり、老人も子供も容赦せず、腹が減れば人肉を平気でムシャムシャと食らう、まったくの殺人鬼であるが、ひとり宋江にだけは誰よりも忠実な、可愛い男だ。悪い奴はやっつけるが、朝廷に対してはあくまで忠義一徹の宋江に向かって、「親分が皇帝になればいいんだ！」という彼の叫びは、なんとも悲痛に響く。

宋江は、自分が死んだ後、李逵が復讐のために暴れて梁山泊の名を汚すことをおそれ、彼に黙って毒酒を飲ませる。飲ませたあとでわけを話すと、李は従容として死んでゆく。

文学作品としての『水滸伝』の素晴らしさの一半は、こうした英雄たちの滅びの姿にあるとわたしは思う。

魯智深円寂

花和尚・魯智深《ろちしん》の最期もまた印象的だ。

御承知の通り、彼は武官だったが、義のために人を殺し、逃亡して五台山の文殊院に身を隠す。剃髪して僧形とはなったが、もちろん仏法のブの字も知らない暴れん坊で、寺の僧たちを困らせる。しかし、長老・智真だけは、彼が後日非凡な悟りを開くであろう事を予言する。

魯智深はその後、梁山泊の仲間に加わって大活躍。反乱軍の首魁・方臘《ほうろう》を捕まえ、褒美に高官の位を約束されるが、自分はどこか清浄な場所をさがして身を安らえることができれば、それで十分だとこたえる。彼はひとまず武松《ぶしょう》と共に杭州の六和寺にいたが、ある日、銭塘江を溯る潮の音が聞こえてきた。その音はあたかも戦の太鼓のようだった。魯智深は錫杖をとり、戦いに出て行こうとすると――

坊さんたち、みな笑い出して、

「和尚さま、聞きちがいですよ。戦争の太鼓が響いているのではなくて、銭塘江の潮信の響きです。」
　魯智深、そういわれて、あっとびっくり、たずねます。
「和尚さん、どのようなのを、潮信の響きと呼ぶのじゃ。」
寺の中の坊さんたち、窓を押し開いて、潮頭《しおがしら》を指さしながら、魯智深に見せていいます。
「この潮信は、昼夜二回やって来て、ちっとも時刻を違《たが》えませぬ。今日は八月十五日、夜中の子《ね》の刻に潮がさして来るはず。信を失わないので、潮信というのです。」
　魯智深、それを見て、そこから心中はっと大いに悟ることあり、手をたたきながら笑って、
「わしの師匠、智真長老は、あっしに四句の偈《げ》をいい聞かせられたことがあったが、
　夏に逢って擒《とりこ》にす
とは、わしが万松林の合戦に、夏侯成を活け捕りにしたこと、
　臘に遇って執《とら》う
とは、わしが方臘を活け捕りにしたこと。きょうは正《まさ》しく、
　潮《うしお》を聴いて円《えん》し

信を見て寂《じゃく》す
に応じている。わしが思うに、潮信に出あったからは、円寂《えんじゃく》するはずだ。和尚さんたち、わしはたずねるが、どういうのを円寂というのだ。」

寺の中の坊さんたち、答えて、「あなたは出家なのに、まだご存じないか。仏門で円寂とは、つまり死ぬことです。」

魯智深、笑って、「死ぬのを円寂と呼ぶからには、あっし、今はもう、きっと円寂するはずだ。ごめんどうだが、わしに桶一ぱい湯を沸かしてくれ。あっしはからだを清める。」

（清水茂訳）

花和尚はこういって身を清めたあと、禅椅子に腰かけたまま往生してしまう。

わたしは右の個所を初めて読んだ時、妙なものだな、と思った。いや、魯智深だけではない。昔の物語には、貴人・高僧などが円寂するといって、食を断つなどして死んでしまう場面がしばしば出てくる。あれは少々おかしいのではあるまいか？　なぜといって、死ぬことと円寂する＝涅槃に入ることは、本来同じではない。お釈迦様は悟りを開いた後にこの世を去られたが、悟りを開かぬ者が死ねば、六道《りくどう》に堕ちるだけだ——わたしは仏教をそう解釈していたので、物語の作者たちが円寂、円寂といって、安易に登場人物を片づけてしまうのはいかにも勝手な振舞いだ、と思った。

しかし、のちに考えが変わった。死ぬことと涅槃に入ることは、同じでないが、けっきょくは同じである。六道も輪廻もそれ自体迷いだ。迷いは生きている人間にしかないもので、死ねばラチがあいてしまうのである。通俗文学は一見浅薄で愚かなことを書き散らすようだが、実は物事の本質を見抜いていることもあるものだと感じ入った。

魯和尚は梁山泊にいる間、読経も修養も何もしておらぬ。することといえば、相変わらず火つけに殺人——ただ善良な者は殺《あや》めず、善心を保っていると親分宋江がほめてくれるばかり。彼は一度、宋江と共に五台山の長老を訪ね、例の四句の偈を授けられる。それが伏線といえば伏線で、以後、物語の中に彼の内面の成長などひとつも書き込まれているわけではないが、時至り、機が熟すれば、悟るべき人は自ずと悟るのだ。まことに、

銭塘江上《せんとうこうじょう》に潮信来たり

　今日方《まさ》に知る、我は是《こ》れ我なることを

有難い、有難い。

花和尚、犬を食べる

さて、その花和尚が髪を下ろして間もない頃、山を下りて、麓の町はずれの酒屋に入るくだりがある（百回本・第四回）。食べ物の描写の少ないこの小説の中で、ほとんど唯一の生彩をおびた食事場面だ。

魯智深、のれんをかき上げ、そまつな店の中へ歩み入ると、小窓のわきに腰をかけ、大声出して、

「亭主、通りすがりの僧だ。酒を一杯飲ませてくれ。」

在の者、じろりと見て、「和尚さま、どちらから見えました。」

智深、「おれは行脚の僧、廻国巡礼してここを通る。酒を一杯飲ませてくれ。」

在の者、「坊さん、もしも五台山の和尚さまなら、わたしは飲ませてあげられま

せんよ。」

智深、「あっしは違う。さっさと酒を持って来い。」

在の男、魯智深の例の姿恰好なり、言葉も違っているのを見て、

「どれだけ召しあがります。」

智深、「いくらでもよい。大碗でどんどん持って来い。」

と、大碗でおおかた十杯ほど飲んだところで、智深、

「どんな肉がある。一皿食わせろ。」

とたずねれば、在の者、

「朝は牛肉がすこしございましたが、すっかり売り切れました。ただ野菜が少少あるだけです。」

智深、ふと嗅ぎつけたは一陣の肉の臭《にお》い、庭へ出て見れば、塀のそばの土鍋の中に、犬が一匹煮てあります。そこで智深、

「おまえのところには、そこに犬の肉があるではないか。なぜおれに食わせぬ。」

在の者、「御出家さまのこととて、犬の肉は召しあがるまいと、おうかがいしませんでした。」

智深、「あっしの金はほらこのとおり。」

と、銀子を在の者に渡し、

「とにかく半分、おれに食わせろ。」

在の者、いそいで煮えた犬の肉を半分とり出し、にんにくを搗《つ》きつぶして、それを智深の前に置くと、智深、大喜びで、手で犬の肉をひきさき、にんにくおろしにつけて食べながら、続けざまにまた大碗十杯ばかり酒を飲みます。

（吉川幸次郎・清水茂訳）


何ともかとも美味しそうではないか。わたしなどは読んでいると口に唾《つばき》が湧いてくるが、読者の中には「犬を食べるなんて」と目を白黒させる人もいるかもしれない。しかし、犬食は日本を含めた東アジアの古くからの食文化だった。

豚には醢、狗肉には味噌

中国では、犬は有史以前から家畜として飼育され、犬肉はふつうの、いや、むしろ高級な食べ物だった。上は天子の儀礼から下は民間の先祖への供え物にも用いられたことが、『礼記』や『国語』といった書物に見える。
『礼記』内則《だいそく》に載っている有名な「八珍」の一つ、「肝膋《かんりょう》」は犬の肝臓の料理である。

　肝膋は、狗《いぬ》の肝臓一つを用意し、膋（腸の外側の脂）で蔽い、それを火にかけて焦《こ》がすほどに焼いて食べる。（竹内照夫訳）

『楚辞』「大招《たいしょう》」には楚国の宮室の食物の美が謳《うた》われているが、その中にも犬料理が登場する。

生《なま》の大亀うまい鶏を
楚の乳酪で和《あ》え
豚には醢《ひしお》　狗肉《くにく》には味噌《みそ》
細かく刻んだ茗荷《みょうが》をまぜる
呉酢の蒿蔞《しろよもぎ》
味濃からず薄からず

魂よ帰り来ませ
何ごとも好みのままに　（目加田誠訳）

楚の国といえば、湖南省長沙の馬王堆遺跡から出た出土品の中には、七種の犬料理が含まれている。これは漢代の貴族の婦人の墓に供えられたのだ。

庶民もまた犬を食べた。漢の高祖・劉邦の子分・樊噲《はんかい》が「屠《と》狗《く》」をなりわいとしていたことはあまりにも有名だし、桓寛が著した『塩鉄論』「散不足」篇中には、当時民間の店屋で売っていた食べ物が列挙されており、その一つに「狗䐹」がある。これは犬の肉を薄切りにして煮たものである。きっと、良い酒のつまみだったろう。

北魏の『斉民要術』（第八十一章）には、散逸した『食経』という書物から「犬牒」という、かなり手の込んだ料理法を引用している。

イヌの肉三〇斤、コムギ六升、濁酒六升をあわせて煮る。三回沸騰してから湯を交換し、さらにコムギおよび濁酒各三升で煮る。肉を骨ばなれさせて、切る。ニワトリの卵三〇個分の蛋白を肉のなかにいれ、こしきのなかで蒸して蛋白を固める。

石でこれをおし、一晩おいて食べる。（田中静一・小島麗逸・太田泰弘訳）

かように愛されていた犬肉だったが、隋唐の頃から清末に至るまで、一握りの例外を除いて――たとえば、明代広東の書物『宋氏養生部』――犬料理は料理書から姿を消してしまう。街の店屋で何を売っていたかを記した地誌の類にも、犬肉を売る店のことは見あたらない。

これは一体なぜだろう、と食べ物に関心のある人たちは考えた。『中国美食経』の陶文台氏などもそれについて考えを述べているが、日本語の書物では、張競氏の『中華料理の文化史』がこの問題に一章を割いており、その説明はしごく妥当なものに思われる。

詳しくは、同書第四章「犬肉を食うべきか食わざるべきか」を参照していただきたいが、大まかに論旨を申し上げると、こんな具合だ――六朝から唐にかけ、漢民族の混乱に乗じて諸々の遊牧民族が中国に侵入して来て、支配者となった。たとえば、北魏は鮮卑族の王朝だった。かれらは犬を狩猟に用い、友として愛する民族だったので、この風習が中国に持ち込まれた。おまけに時を同じくして西域から仏教が伝来し、殺生を戒める教えを説くと、その戒めは、支配民族の愛玩する動物に対して真っ先に適用された。こうして、今まで漢民族が知らなかった犬食禁忌が生まれ、それが後々まで続いたというのである。

同書は最後に夏曾伝《かそうでん》の『随園食単補証』を援用して、「清代では広東以外どこでも犬肉を食べなくなった。薬として食べる場合をのぞけば、犬肉は乞食しか食べないものになり下がった」と結んでいる。清朝の支配者満州族も、犬食をタブーとした半遊牧民族だった。

フーテン和尚のなまぐさ好き

しかしながら、昔からの食習慣はそうたやすく一掃されるものではない。

先に引用した『水滸伝』の一節は、この作品が成立した明代にも、犬食の風が庶民の間で根絶やしになっていなかった証拠である。同様の例は他にもある。

済公活仏《せいこうかつぶつ》は我が国ではあまりなじみのない人物だが、中国では、あたかも〝一休さん〟のごとく民衆に親しまれている伝説のお坊さんだ。わたしは杭州の霊隠寺でその坐像を見たが、顔半分は笑っており、半分は怒っている不思議な彫像だった。この和尚、物語の中では同じ杭州の浄慈寺にいたことになっている。大酒飲みで好き勝手なことばかりしているフーテン和尚なのだが、じつは羅漢の生まれ変わりで、禅機を以て世人を点化《てんか》し、奇跡を起こす。

この和尚を主人公にした『済公全伝』という通俗小説が清代に書かれているが、それよりももっと古い『酔菩提』という小説の第十一回に、次のような場面がある。

時は暮春。済公は天気が良いので、浮かれて遊びに行きたくなり、三日で帰ると浄慈寺の長老に約束して、外出を許してもらう。

萬松嶺の毛《もう》太尉という知り合いのところに行くと、毛太尉は済公に恩があったので、竹園で掘った筍の初物を煮て御馳走してくれる。済公は筍の残りを長老に食べさせようと思い、荷《はす》の葉にくるんで、寺に持って帰るが、山門の前までくると、首座が問うて曰く――

你手裏包兜莫非狗肉。

濟顚道。雖不是狗肉。却比狗肉更美。

「おまえが手に包んで持っているのは、狗肉じゃあないのか？」

済顛はいう。「狗肉じゃないけれども、狗肉よりもっとうまいよ」

そういって、匂いを嗅いでみろと首座の鼻先に包みを突きつける。首座は鼻を被《おお》って逃げ出す。済公はそのあとを追いかけ、方丈まで行ったところで長老に出会ったので、わけを話して筍を食べさせる。すると、そこへ寺の僧たちが大勢やってきて、自分たちには筍をくれないのかという。済公はまた毛太尉のところに筍をもらいに行ったが、新筍がそんなに沢山とれるものではないといわれ、神通力を発揮して筍を出す。

『水滸伝』の店の亭主は、出家に牛肉を供することをためらわぬようだが、犬肉はいくら何でも坊さんだから食わぬだろうと決め込んでいた。犬肉はなまぐさの中でも、とくに猛烈極悪なまぐさと見なされていたわけである。『酔菩提』の首座が鼻を被って逃げ出したのはそのせいだが、そんなものをぶら下げていると疑われたのは、済公が日頃食べていたからだろう。あるいは、生臭和尚が犬肉を食うというのは、通俗小説に於ける一つの紋切り型だったのかもしれない。

塩商人の計略

生臭和尚ではないが犬肉を好んだ人に、清朝の画家で〝揚州八怪〟の一人として知られる鄭板橋《ていはんきょう》がいた。それについて、『芸苑余談』という書物にこんな話が載っているそうだ（今、『中華美食伝説与烹飪』「黄燜狗肉」から引く）。

揚州のある塩商人が板橋の画を欲しがり、大金の謝礼をするから一幅《いっぷく》描いてくださいと頼んだ。しかし、板橋は利益を追って義理を忘れる商人連中が嫌いなので、求めに応じなかった。後に商人は板橋が犬肉を好み、隠士仁人との交わりを愛すると聞いて、一計を立てた。

ある日、板橋が城外に出て静かな林を歩いていると、竹やぶから人の声が聞こえた。声のする方に行ってみると、一軒の茅屋《あばらや》があり、一人の老人が榻《ねだい》に坐って琴を弾いている。家の前には炉があり、そこから良い匂いが漂ってくる。犬の肉だということが板橋にはすぐわかった。

老人はこちらを見たが、少しも動じない。板橋は老人に言った。

「あなたは犬がお好きなのですか」

「世の中にこれほどうまいものはないよ」と老人はこたえた。

「わたしもそう思うんです」

「それなら、味のわかるお人だ。一緒に食べましょう」

二人は大いに肉を食べた。食べ終えると、板橋は興がのったので、言った。

「あなたの室《へや》には画《え》がないから、ひとつわたしが描いてあげましょうか？」

老人は紙と墨を出し、画はすぐに出来上がった。

彼がくだんの塩商人のまわし者だったことは言うまでもない。板橋の画を手に入れた塩商人は、次の日さっそく盛大な宴を催し、画を客人に見せびらかした。板橋はそのことを知って面白くなく、老人の茅屋を訪ねてみたが、そこにはもう誰もいなかった。

犬肉小町の隠し味

こうしてみると、犬肉は世間から賤しまれた人間や、世間体を気にしない変わり者だけが食べていたようだが、じっさいにはもっと広く庶民に食べられていたろう。読書階級がタブーとしたので、記録に残らなかっただけであろう。わたしがそう考えるのは、日蔭に追いやられた犬食文化の伝統が、二十世紀になって華々しく返り咲いたからである。

共産党革命は多くの旧文化を滅ぼしたけれども、これだけは逆に古代の隆盛を取り戻しつつあるような気がする。清朝滅亡以来、嫌犬派と愛犬派がどのような葛藤を繰り広げたかは知らない。わたしが知っている一九八〇年代以降の中国に関していえば、犬料理は立派な市民権を得ている。

たしかに、犬は今日でも豚や鶏とはちがって、日常必須の食材というわけではない。女性などには嫌がる人もいるし、地方によって食べないところもあろう。「満漢全席」のような高級料理の宴席に出て来ないのは、過去のしがらみを引きずっているためだ。また、犬は冬場の寒い時しか食べないという人もいる。以前、五月の連休に瀋陽に行った時、朝鮮族の料理店で犬の丸焼きを売っていたので、買おうとしたら、漢族の友人に止められた。犬は体をうんと暖めるものであるから、こんな暖かい時季に食べるのは毒だ、とその友人は真顔で語った。

このように、多少留保つきの食べ物ではあるにしても、犬を食べる話をしたからといって、中国人の間ではべつに怪訝《けげん》な顔もされない。犬肉の皿が出てきても、日本人や西洋人のようにワア、キャアと叫ぶこともない。犬料理を供する店や屋台は多くの町にあり、冬ともなれば、「狗肉火鍋」の張り紙が食堂の壁に張られる。

犬料理の有名な地方としては、河南、江蘇、江西、広東、雲南、貴州などが挙げられよう。南方の少数民族には常食する人々が多いようだ。かたや北方でも朝鮮族はこれが大好きなのであるから、〝愛犬文化〟は頼もしい味方を南北に持っていたわけだ。

山東省高密県の人々も犬を好むらしい。

莫言《ばくげん》氏の小説『白檀の刑』は、清末のこの地方を舞台にした長篇である。物語の主要登場人物の一人・銭丁《せんてい》県知事は、犬肉の煮込みを売る美女孫眉娘《そんびじょう》――通称〝犬肉小町〟――と懇《ねんご》ろになる。女は毎日肉を届けるのを口実に、役所にいる知事のもとへ通い、二人して犬肉を食べ、黍《きび》でつくった黄酒を飲みながら、痴態の限りを尽くす。

科挙に受かった清朝の役人がほんとうに犬を食べたかどうかは知らない。そのあたりは作者一流の法螺《ほら》話かもしれないが、犬の煮込みと黍酒という取り合わせは一風変わっていると思った。「ほんとうにこういう食べ方をするんですか」と、箱根の温泉で莫言氏にお会いしたとき、訊いてみた。

「しますよ」と莫言氏はこたえた。ただし、〝犬肉小町〟のつくる煮込みは隠し味に豚足を使うからうまいのだというくだりは、氏のまったくの創作で、以前、金華ハムの隠し味に犬のスープを使うと聞いたことから思いついたのだそうである。

「涼拌狗肉」

中国の町でふつうに食べる犬は比較的単純な料理が多い。もっともよく見かけるのは火鍋と醤油煮込みだ。味つけした冷製の「醤狗肉」も屋台などで売っている。

「涼拌狗肉」は野菜と和えた冷菜だが、朝鮮族の多い東北地方の料理人が上手である。最近は輸入肉が豊富に出まわっているとみえて、東京でも気軽に食べられるようになった。延辺風焼肉の店では、皮つきの「狗皮」を食べたことがある。皮の部分はプルプルしていて、美味かった。ある東北料理の店ではメニューに「狗宝《ゴウバオ》」と書いてあったから、てっきり犬の睾丸かペニスにちがいないと思って注文したら、何と、桔梗《ききょう》の根のサラダだった。ゴボウにちょっと似ていたが、この名称と日本語のゴボウと何か関係があるだろうか？

東京以外でも犬肉にお目にかかることがある。最近、福島県のさる町で中華料理店に入ったら、丹東出身のコックさんがいて、その人がこしらえる「涼拌狗肉」は、香菜と青唐辛子を利かせ、じつに美味であった。犬肉のスープもあった。「狗肉火鍋」も随分食べたけれども、忘れられないのは、十年ほど前、北京で入った犬料理の専門店である。地元の人に連れて行ってもらったその店は「八方源狗肉香」といった。こぎれいなレストランで、入口の扉の上に可愛らしい犬の人形が飾ってあった。中に入ると、正面に大きなセントバーナード犬の絵が掛けてあった。

わたしたちは十人ほどの一行で、カラオケ設備のある奥の個室に入った。紅い制服を着た小姐《シャオジェ》がにこやかに案内して、お絞りを持ってきてくれる。店には高級感が漂い、本当にここは犬料理屋なのだろうか？　犬好きの経営者が始めたふつうの店ではないのか、と疑った。

しかし、メニューを見ると、冷菜から熱菜、スープや餃子まですべて犬づくしである。わたしたちは耳の冷菜、胃袋と野菜の和え物、ペニスのスープ、餃子など十品ほどとったが、どれも繊細な味つけだった。ことに胃袋の新鮮なこと、脂ののった腿肉の紅焼の芳ばしいこと――この店はまた胡麻をまぶした饅頭が自慢で、それに肉を挟んで食べる美味しさ！

思うに、犬は長い間高級宴席から遠ざけられていたため、調理技術が十分洗練されていない。くだんの店の主人は、その遅れを挽回すべく、中国各地に伝わる犬料理の名菜を研究し、高級料理として再編したのだろう。料理人もきっと優秀な人を使っていたことだろう。その後行っていないが、まだ店は健在なようである。

ベトナムの犬料理

韓国料理の「補身湯」にも思い出はあるが、こちらは最近我が国でも知られてきたから、あまり紹介されていないベトナムの犬料理について、少し書いておこうと思う。

もうかれこれ十年も前のことになるが、大勢の友人たちと一緒にサイゴン（ホーチミン）とフエをまわって料理を食べ歩いたことがある。

某月刊誌の取材を兼ねていたので、関係者が事前に準備し、随分色々なレストランに連れて行ってもらった。本場のベトナム料理を味わうのは楽しかったが、サイゴンでは甘口のものが多いのと、いやに西洋かぶれしたようなハイカラ料理が連続して、何日かすると鼻についてきた。

サイゴン市内のハノイ料理屋へ昼食に連れて行かれたのは、ちょうどその頃だった。料理屋というよりも食堂である――路地裏の木造四階建てで、階段は狭く急で、天井は低く、足元はギシギシいう、今にも倒れそうな建物だった。店に入ったとたん、漬物と蝦味噌《えびみそ》の強烈な発酵臭がして、嫌いな人は卒倒するだろうと思われた。時分《じぶん》どきで混んでいたが、何とか席を空けてもらい、わたしたちは最上階の窓際に坐った。

　ところで、これは興味深い現象だと思うが、ベトナムのサイゴンとハノイは、我が国ならさしずめ関西と関東、中国でいえば上海と北京のような関係にある。文化全体に違いがあるが、料理文化はとりわけそうで、甘口のサイゴン料理に対し、ハノイの味はいわば北京味だ。さっぱりした塩味の肉料理や漬物、ブンという米のそば――それらがいたく新鮮に感じられ、わたしは急に食欲が回復した。

　大きな田螺《たにし》の殻に肉団子を詰めたものが来る。その次に、肉入りゼリーのようなものが出てきた。

「これは偽の犬料理です」とガイドのY君が言った。「豚肉で犬肉の味を出しているんです。ハノイの人は犬が好きだけど、サイゴンの人は、犬は可愛がって、食べません。ですから、犬のかわりにこれを食べるんです」

わたしはほうと感心した。〝もどき料理〟をわざわざこしらえるとは、ハノイ人の愛着はよくよくのものなのだろう。一度、ハノイへ行って犬を食べたいと思った。

その機会は数年後にめぐって来た。あるカード会社のPR誌の仕事でハノイへ行くことになったのである。〝フォー〟という麺類を中心に、ハノイの食べ物を紹介することが目的だったが、わたしは初端《はな》から、もう犬のことしか考えていなかった。空港から市内へ向かう車の中でガイド氏にそのことを話すと、彼は窓の外を指さして、曰く——

「ほら、〝ティット・チョー〟という看板がかかってるでしょう。あれは犬料理屋ですよ。犬料理屋は月末にはお休みになります。明後日《あさって》は月末だから、食べるんだったら、早くした方がいいですね」

アッ、それは大変だ。早く行かなければ——犬、犬、犬——

同行した編集者のA嬢は苦い顔をしてこのやりとりを聞いていたが、犬料理を食べさせないと、この男はふてくされて原稿を書かぬであろう——賢い彼女はそう判断し、翌日、さっそく専門店に連れて行ってくれた。

ガイド氏が案内したのは、ハノイ郊外の川沿いにある店で、道に同様の店が何軒も並んでいる。丸木を組んだ小屋で、窓には竹の格子が嵌《は》まっている。茣蓙《ござ》を敷いた広い座敷に入れ込みでお客を坐らせる。

わたしたちが入ったときは子供連れの家族がいたが、帰ろうとしているところだった。

わたしたちは、カメラマンとガイド氏とA嬢とわたしの四人で、窓際の席に陣取った。

この店にはメニューはなく、黙って坐れば一通りコースが出て来る。犬肉の煮込み、揚げ物、腿肉のスープ（これはブンという米のそばと一緒に食べる）、黒々とした血の腸詰、それに米の煎餅《せんべい》と数種類の香り草がついてきた。香り草の一つは〝ブン・チョー（犬草）〟といい、犬料理に欠かせないものだという。手造りの米酒も欠かせない。黄色く甘い醸造酒もあったが、わたしとガイド氏は蒸留酒の方を飲みはじめた。カメラマンは嫌がっていた。A嬢も初め嫌そうだったが、好奇心から肉を一口食べてみると、悪くないと感想を述べた。

「どうもハノイの米酒は薄いね。わたしの村で造るやつの方がうまいね」

ガイド氏がそんなことを言い出す。それなら、そこへ連れて行ってくださいとわたしは懇願する。

やがて、だんだん店が混んできた。向かいの席に四人連れの若い男女が坐った。ガイド氏が声をかける。かれらは高校の同級生で、これからみんな就職するのだという。今日は女の子の誕生祝いだそうだ。あたかも学生がお好み焼屋に来たという雰囲気である。

その数日後、たまたま新婚旅行でハノイに来合わせた友人と、ヒルトン・ホテルのすぐそばにある「ビヤホイ」の店に入った。ビヤホイというのは、アルコール度数の低い、一種の地ビールである。ふつうのビールよりも安い。そこは大衆的な店で、つまみはカウンターに並んでいるのを客が好きに選べる。そこに何と、まごうかたなき犬の腿肉と腸詰が置いてあるではないか！　あとでガイド氏にそのことを言ったら、「ビヤホイには欠かせないつまみですからね」と平然として答えた。

ああ、ハノイは良いところだ。わたしはまたあの南国の暑さの中で、黒い腸詰をつまみに、一日中デレデレとビヤホイを飲んでいたい。

憎い敵を食べる話

北京の朝食

明けがたに起きにくいときには、つぎの思いを念頭に用意しておくがよい。「人間のつとめを果すために私は起きるのだ。」自分がそのために生まれ、そのためにこの世にきた役目をしに行くのを、まだぶつぶついっているのか。それとも自分という人間は夜具の中にもぐりこんで身を温めているために創られたのか。

（神谷美恵子訳）

これはマルクス・アウレリウスの『自省録』（第五章）の中の文句だ。

ローマ五賢帝の最後を飾ったマルクス・アウレリウスは、英明な統治者にして思索家であり、〝哲人皇帝〟と後世に称えられたが、早起きが苦手だったらしい。『自省録』には、この他にも朝寝坊の癖を自戒する個所がある。ゆっくり寝床にもぐっていたいのに、帝国軍団の長としてはそうもいかず、眠たい目をこすっている姿が想像される。

わたしもじつは寝起きの悪い人間で、潑剌《はつらつ》とした朝なぞというものには縁がない。蒲団の中でぐずぐずヌクヌク——ああ、じだらくじだらくと百万遍でも唱えていたいくちだ。だからアウレリウス帝には昔から親しみを感じていた。

寝坊助は朝御飯をしばしば食いはぐれる。日本の旅館なら嫌でも起こされてお膳に向かうけれども、海外に旅をしてホテルに泊まると、たいがい朝食を抜いてしまう。しかし、中華文化圏に行くと、朝しか食べられないおいしいものがあるので、なるべく頑張って起きるのだ——二日酔いでない限りは。

彼《か》の国の朝食は、何といっても種類が豊富である。食堂は多く「早餐」のメニューを出すし、屋台も街のそここに立ち並ぶ。ちょっと思い出してみただけでも——台南で食べた虱目魚《サバヒ》のお粥、杭州で食べた豆腐脳、元宵団子、北京で食べたイカのスープに包子《パオズ》、豆乳に揚げたての油条《ゆじょう》、黍のお粥——もちろん、広州や香港の「早茶」の素晴らしさは言うまでもない。

そんな朝御飯の小吃で、特に気に入っているものがある。わたしは北京の天橋の屋台でそれに出会った。

寒い朝だった。わたしは珍しく早起きして町をブラつき、小腹がへってきたので食べるものをさがしていた。これは何の屋台だろうと立ちどまって見ると、鉄板で餅《ピン》を焼き、卵をおとし、油条を入れてクルクルと巻いている。それを新聞紙に包んで客に渡す。餅は大きくて、夕刊を巻いたくらいある。

いかにもおいしそうだったから、ひとつくれ、と下手な中国語で言った。屋台のおやじさんは餅を焼きはじめると、何事か早口にたずねた。わたしには聞きとれなかったが、聞き返すのが面倒なので、いい加減に「好《ハオ》」といったら、餅にべったりタレを塗られてしまった。「辣醤《ラージャン》は要るか？」とおやじさんはたずねたのだ。

その辣醤は辛いというより、しょっぱい、しょっぱい——いささか往生したが、それさえ塗らなければ美味なものだった。餅につつまれた油条はサクサクする。外側の餅は香ばしく、フカフカしている。一枚食べればお腹が一杯になり、身体が温まる。わたしはそれ以来、町角でこの小吃を見かけると、買うようになった。

悪人を捏ねて、揚げて、焼け！

この物は何というのか名前を知らなかったが、後に杭州の「南方大酒家」で宴会をしたとき、点心の部にこれが出てきた。といっても、屋台のよりずっと小さく、上品な作り方だったが、献立表を見ると、「葱包檜児」と書いてある。油条のことを、杭州では俗に「檜児」と呼ぶのだそうだ。

檜児とは南宋の政治家秦檜《しんかい》のことで、今はもっぱら将軍・岳飛《がくひ》の敵役、敵国金に通じた売国奴として人々に記憶されている人物だ。

北宋末、都が落ちて徽宗・欽宗は囚《とら》われの身となり、中国の北半分が金の領土となった時代、岳飛は一人金軍を相手に奮迅の戦いをして気を吐いた。しかし、和平派の宰相秦檜は彼を陥れ、紹興十一年（一一四二年）、「莫須有（あるにちがいない）」の罪をきせて岳飛父子を毒殺した。

この知らせが伝わると、人々は憤激した。

当時、杭州のあるところに、焼餅の屋台と「油炸糯米団（揚げたもち米の団子）」の屋台が並んで商売をしていたが、これらの屋台の主人たちも岳飛のために涙を絞った。

かれらは将軍の恨みを晴らそうとして、焼餅屋の主人が小麦粉を捏《こ》ね、秦檜とその夫人・王氏の人形をつくり、麺を切る包丁で顔を数回横打した。これを揚げ団子屋が油で揚げた。その意は、〝地獄の底の油鍋〟に放り込もうというのだ。朝の小吃を買いに来た客はすぐにその意を悟り、「油炸檜、油炸檜(油で揚げた秦檜)」と叫んだ。これが「檜児」の起こりだという。

のちに、「油炸檜」をさらに餅《ピン》で包み、焼くようになったのが「葱包檜児」だと戴寧主編『杭州菜譜』には書いてある。

この話は有名で、中国料理の故事や逸話を記した本にはたいてい載っているが、伝説の通例として、細かい点は語る人によって少しずつ異なる。いつ頃から言われはじめたのかよくわからないけれども、清の柴蕚《さいがく》の『梵天廬叢録』に、次のような記述がある。今、李秀松《りしゅうしょう》氏の「借以懲奸的油炸鬼」(『烹調小品集』嶺南編)から引く。

舊云、浙人惡秦檜、因溲麪狀檜、投諸鼎鑊、食以泄恨、名曰油炸檜、猶墓前鐵象也。

旧にいわく、浙江の人は秦檜を憎むあまり、麺をこねて檜のすがたにし、鼎や鑊に放り込み、食べて恨みをはらす、これを名づけて〝油炸檜〟という。(岳飛の)墓前には秦檜の鉄像がある。

この〝油炸檜〟が、広東では訛《なま》って〝油炸鬼〟になったと李氏は考えているが、〝檜〟が〝鬼〟に訛ったのか、その反対だったのかは、じつは容易に決めがたい問題だろう。

霊魂の個性について

いずれにしても、千古の悪名を負って揚げられている秦檜という人物、わたしなどはいささか気の毒に思わないでもない。彼が果たして人々の信ずるように奸臣だったか、その和平策が誤っていたかどうかは、これまた簡単には決しがたい問題だからだ。ただ我々が知っているのは、南宋が岳飛の死後、百数十年の平和を享受したことである。

幸田露伴はいう――「世の岳飛を哀しみて秦檜を憎むも、固より宜《むべ》なり。然れども岳飛をして長く生きて且つ兵柄を執りて金と戦はしむるも、其の軍に勝ち敵を攘ふことは再三再四ならん、たゞ必ず金を滅するに至らんことは期すべからず。金にして亡ぶれば卽ち已む、其の亡びざるや、金は餓狼なり、豈に敢て口中の肉を舍《お》いて退かんや。然らば則ち金と宋とは、蠻と爲り觸となりて、兩者永く爭ひ、永く苦まんのみ」

（「蝸牛庵聯話」『露伴全集　三十一』）

しかし、人間の通念というものは、いったん植えつけられると中々覆らない。秦檜が今もいかに憎まれているかは、杭州の岳飛廟へ行ってみると、よくわかる。

わたしも数年前、ここを御参りした。わたしは漢民族ではないから、お廟のあちこちに張り出された愛国心高揚のスローガンには関係のない身だが、一代の英雄としての岳将軍には敬愛の念を抱いている。

廟はふつうの道教式のお宮だった。隣の敷地に岳飛の墓がある。そこに――ちょうど昔の建物でいえば、丸い墓石を堂上とすると、さしずめ階《きざ》の下といったあたりに――四体の人像が並んでいる。縄目をかけられた罪人の姿で、向かって左側の二つは秦檜とその夫人。右側は張俊《ちょうしゅん》と、もう一人はたしか韓世忠《かんせいちゅう》だった。この二人は共に宋の名将で岳飛のライヴァルだったから、秦檜と結託したように邪推されているのだろう。

御参りに来る人々を見ていると、何人かに一人は秦檜像に唾を吐きかけたり、ステッキで叩いたりしている。わたしは、これこそ死者に対する中国人の考え方を示す格好の見本だと思った。

御承知の通り、我が国と中国の間では、毎年夏が来るたびに、総理大臣が靖国神社を参拝するとかしないとかいうことで悶着が起きる。

中国側は、一般の戦没者を慰霊することにはもとより異存は持たぬ。しかし、A級戦犯を合祀した神社に総理大臣が参拝するのは、犯罪を犯罪と認めないことになるからけしからぬ、と主張する。これに対して日本側は、国のために戦って死んだ人間を慰霊して何が悪いと反撥する。両者の議論がさっぱり噛み合わないのは、問題の根底に、日本人と中国人の異なる霊魂観があるからだ。

というのも、我が国では俗に「死んでしまえば皆仏」などというが、この〝仏〟はどう考えても仏教の仏ではないので、日本宗教のカミにほかならない。

業つくりの悪人が死ねば善人になるとか、愚人も死ねば無上の悟りを得られるなどとは、人の良い日本の爺さま婆さまたちでもさすがに思いはすまい。この言葉が意味するのはそういうことではなくて、死者に個性がなくなるということだ。

人は死後一定の期間が過ぎると何《なん》の誰兵衛《たれべえ》という特徴を失い、代々の祖霊と合体してカミとなる。カミはふだん山などにおわしますが、盆になると里へ下りて来て、子孫と共にひとときを過ごす。祖霊はまた田に下りては田の神となり、実りをもたらす存在でもある——我々の霊魂観はそういうものだったというのが柳田國男の唱える説だ。これはたぶん、大筋において当たっているだろう。そしてこの霊魂観は今も変わっていない。されば、日本人には死者の罪を弾劾するということが考えられない。逆に、死ねばどんな罪も許されると考えているので、日本人はヤレ切腹だの、命を以て償うだのということが好きだ。

かかる合霊説が異国の人に受け入れられないのは当然である。たとえば、キリスト教を見よ。この宗教は厳然たる個人主義に立脚しているから、悪人は地獄で永遠の罰を受け、善人は天国に行って、神の御前でハレルヤなど歌うのだ。個人主義という点では、中国人の思想も同じである。悪人は霊魂となっても悪人であり、何百年でも罰しなければならぬ。供養などしてはいけない。ましてや神に祀るなど、もってのほかだと彼の地では考える。

油条を食べる人よ、あなたはどうお思いになりますか？

きさまの肉を生きながら……

過日、ヴィクトル・ユゴーの小説『ノートルダム・ド・パリ』を読んでいたら、こんな一節に出くわした。

> このペリネ・ルクレールという人物は、パリをシャルル六世からイギリス人に売ったという罪で、その像が、顔には石を投げられて傷つけられたり、泥だらけにされたりしながら、三世紀のあいだ、アルプ通りとビュシー通りとのかどに、まるで永遠のさらし台にさらされているように、その罪のつぐないをしていたのである。
>
> （辻昶・松下和則訳）

ペリネ・ルクレールは十五世紀のパリの市民で、百年戦争の時、イギリスに味方するブルゴーニュ党をパリに引き入れる手引きをした。だから、かかる憂き目に遭ったのだという。まるで秦檜を思わせる話だが、西洋には似たような例が他にもある。

イギリスでは十一月五日が〝ガイ・フォークス・デイ〟という祭日になっている。この日、子供たちは、案山子《かかし》のような奇妙な格好の人形を市中引き回しにして、焼き捨てる。これはガイ・フォークスという人物の人形である。彼は一六〇五年十一月五日、旧教徒が議事堂を爆破し、ジェイムズ一世を殺そうとした事件――いわゆる「火薬陰謀事件」の張本人だった。

されば、昔の恨みをいつまでも忘れず、憎い相手をしつこくいじめ続けるというのは、なにも中国に限ったことではない。しかし、「炸檜児」のように、「食う」という発想がすぐ出てくるのは、西欧や我が国には見られぬ一特色のように思われる。憎い相手に復讐するのは日本人とても大好きだ。我が国の明治以前の文学が〝復讐〟という題材を異常に好んだことは、露伴翁もつとに指摘しているが、吉良の肉を食おうなどとは大石内蔵助も考えない。

ところが中国では、こんな台詞が物語の中にふつうに出てくる。

> 馬超は歯ぎしりして大声にののしった「曹操の逆賊め。君をないがしろにした罪は数え切れぬその上に、わが父上と弟たちを害したからは、ともに天を戴かぬ仇《かたき》。生け捕りして、きさまの肉を生きながら食わずに置かぬぞ」。
>
> (『三国志』第五十八回　小川環樹・金田純一郎訳)

〝人を食う〟ことに関して華夏の文献をくわしく調べあげた先人がいる。歴史家の桑原隲蔵《じつぞう》だ。この人の論文「支那人間に於ける食人肉の風習」（大正十三年）は、〝神国日本〟のイデオロギーが幅を利かせていた時代のもので、中国人に対する偏見と悪意を多分に含んでいると言わざるを得ないが、重宝な資料であることは間違いない。

同論文は中国に於ける食人の事例を、一「飢饉のとき」、二「籠城して糧食尽きたとき」、三「嗜好品として食用する」、四「憎悪の極、怨敵の肉をくらう」、五「医療の目的で食用する」の五つに大別し、これに関する文献上の記述を多数例示している。この中の四に該当する記述としては、たとえば、こんなものがある（今、手元にある邦訳によって紹介しよう）。

『春秋左氏伝』僖公三十三年、文公の夫人・文嬴《ぶんえい》が捕虜となった秦の将軍三人の身柄について、息子の襄公にいう言葉――「彼《やつら》は、吾《われら》（晋・秦）二君を争いに仕向けた張本人です。寡君《わがきみ》（実父秦の穆公）にしてみれば、たとえひっ捕えて肉を食《くら》っても飽き足りぬはず（小倉芳彦訳）」

同じく『春秋左氏伝』宣公十二年に、次のような一節がある。

楚子（荘王）が鄭を囲んでいるとき、晋軍が鄭の救援に駆け寄せた。この知らせが入ると、王は引き揚げようと思ったが、寵臣の伍参《ごさん》が会戦を望んだ。令尹孫叔敖《そんしゅくごう》は戦を望まず、「去年は陳に攻め入り、今年は鄭に攻め入って、戦争が続いている。もし戦って勝てなかったら、参《おまえ》の肉を食うだけでは、とても納まらんぞ」

と言うと、伍参は、

「もし戦に勝てたら、孫叔《そんしゅく》には戦略なし、ということになりますな。たとえ敗れても、参《わたくし》の肉はきっと晋の軍中に在るゆえ、召し上がれぬでしょう」（同）

『国語』（晋語四）には、晋の公子重耳《ちょうじ》が舅の子犯《しはん》を罵って、次のようにいう場面がある。

重「もしも成功しなかった時は、わたしはおやじの肉を食ってやるぞ、それでも満足できるものか。」

舅犯が逃げながら返事した。

犯「もし成功しなかったら、わたしは、死に場所もわかりませんのに、だれが山犬や狼と肉を奪い合って食べられるものですか。もし成功の暁には、公子は晋のご馳走を、おいしく召し上がることになるのではありませんか。わたくしの肉などなま臭くて、どうしてお口に合いましょうか。」（大野峻訳）

また『戦国策』中山策、「司馬喜使趙」の条には——

……公孫弘は、主君に「臣下たる者が大国の威勢を借りて、自分を宰相にならせるよう望んだとしたら、我が君には、いかがなさいますか」と尋ねた。中山君が言った、「わしはその臣下の肉を誰にも分け与えず、一人で食べてしまうだろう」と。

（福田襄之介・森熊男訳）

憎しみはソースになるか？

こうしてみると、相手の肉を食って恨みや憎しみを晴らすという発想が、春秋戦国時代すでに一つの紋切り型になっていたことがわかる。

もちろん、こういうことを口に出して言うからといって、実際に食べるかどうかは別問題だ。しかし、単なる言葉の綾に過ぎぬかというと、どうもそうとも思われないのは、史上実際に〝憎しみ食い〟が行われた例が書物に数多く載っているからである。

桑原論文に引かれた例の一部を拾ってみると——

漢室を簒奪《さんだつ》した王莽が後に敗れて殺され、さらしものになると、人々はこぞってその死骸を撃ち、中には舌を切って食べる者もいた（『漢書』巻九十九、王莽伝下）。

梁の賊臣侯景《こうけい》がさらしものになったとき、人々は争ってその肉を食べ尽くした（『南史』巻八十）。侯景の参謀・王偉《おうい》の肉も、恨みを持つ人々は炙って食った（『梁書』巻五十六）。

隋の煬帝《ようだい》は叛臣・斛斯政を烹《に》て、その肉を百官に啖《く》らわしめた（『資治通鑑』隋紀六、大業十年の条）。

宋の文帝を弑《しい》した逆臣の手下・張超之《ちょうちょうし》は乱兵に殺され、その肉を食われた（『宋書』巻九十九）。

武則天のときの酷吏・来俊臣《らいしゅんしん》がさらしものになると、民衆は争ってその肉を食らった（『資治通鑑』唐紀二十二、神功元年の条）。

楊国忠《ようこくちゅう》が馬嵬《ばかい》で殺されたとき、軍士に食われた（『新唐書』巻二百六　楊国忠伝）。

明の謝肇淛《しゃしょうせつ》の『文海披沙』に載っている話は、ブラック・ユーモアに富んでいる。太祖高帝の時、開平王が妻の悋気《りんき》に悩まされていた。皇帝は彼に侍女を賜い、王はその手を愛した。すると、妻は侍女の手を切ってしまった。王は腹が立ったけれども妻が怖くてどうにもできぬ。朝廷に行ってそのことを陛下に申し上げると、陛下は笑って、「そんなことか。また別の女をやるから、くさくさしないで酒でも飲め」そういうと、ひそかに人を開平王の屋敷に遣わし、妻を殺してバラバラにした。その肉を一塊ずつ群臣に賜り、「悍婦之肉」と題した。

右の事件を「千古の快」と謝肇淛は評しているが、この人も妻の悋気に悩まされたくちだったのかしらん。

話半分という言葉があるが、仮にこうした記述の半分が事実だったとしても、人間は結構な頻度で憎しみ故に食われているわけだ。思うに、許しがたい罪を犯した者を寄ってたかって食うというような習慣が、太古の人類にあったのかもしれない。多くの民族はそれを忘れてしまったけれども、中国の場合、その記憶が一つの修辞という形で残存している。それはふだんは言葉の綾にすぎないが、何かひとたび事が起こると、言語と現実の境はたちまち決壊して、食人事件が出来《しゅったい》するのではあるまいか。

それにしても、好きだから、というならわかるが、憎いから食べるという気持ちは、わたしにはどうも理解できない。憎しみは最良のソースになるのか？　憎い奴を食べて、うまいだろうか？——経験者にきいてみたいものだ。

始皇帝を煮たり揚げたり

憎まれて食べられつづけている人が、秦檜のほかにもう一人いる。

山東省・曲阜には「孔府」という場所があって、孔子様の一族が住んでいた。

御存知の通り、儒教は漢以来、中国代々の王朝が国教としたから、「孔府」は一種の聖地となった。漢の高祖は紀元前一九五年に魯を訪れ、太牢の礼を以て孔子を祀った。玄宗の時代、孔子は〝文宣王〟に封じられ、宋の時代、孔家の嫡系は〝衍聖公〟に封じられて、その称号は清まで続いた。明・清時代、孔府は〝当朝一品官〟を世襲したが、この頃の官位は一品から九品まであり、その最高の位を授かったわけである。

されば孔府の一門は、清が滅びるまで有力な地方勢力だった。

明の終わり頃（崇禎二年）、文人・張岱《ちょうたい》は曲阜の孔子廟に詣でて、その思い出を『陶庵夢憶』巻二に記している。彼に向かって、孔家の人は言ったそうな——「天下に家は三軒しかない。われわれの家と、江西《こうせい》の張家と、鳳陽《ほうよう》の朱家だ。しかし江西の張家は道士臭いし、鳳陽の朱家は成り上り者だけに、けち臭い（松枝茂夫訳）」

〝江西の張家〟というのは、いわゆる張天師――漢末から綿々と続く道教の一門・天師道の教主の家系である。〝鳳陽の朱家〟は明の皇室だ。それをこんな風に言うのだから、孔家がどれほど威張っていたか、おわかりになるだろう。

さて、それだけの勢力を張った一門であるから、当然優れた料理人も抱えていた。そのうえ、孔子廟があるので、皇帝や貴族、顕官がここを訪れて宴会を開く。やんごとない人々は料理人を連れてくるから、しぜん調理技術の交流も行われる。かくしてここには独特の料理が発達し、「孔府菜」と称する。「孔府菜」は山東料理の鬱然《うつぜん》たる一派を成し、それを供する料亭は、本場曲阜をはじめとして、北京、上海などにもある。北京の瑠璃廠の四つ角にある「孔膳堂」なども孔府菜の店だ。

孔府菜には、「孔府一品鍋」「詩礼銀杏」「神仙鴨子」など名菜がたくさんあるが、その一つに、「焼秦皇魚骨」というものがある。『中国名菜精萃』に載っているこの料理の作り方は、こうだ――まず桂魚の中段を、背骨を取って二枚におろす。魚肉の外面に包丁で切れ込みを入れ、そこに長細く切った水発魚骨を挟む。これを油で揚げたのち、さらに蒸籠《せいろ》で蒸す。そのうえに、醤油を使った濃厚な味のたれをかけるのである。

〝水発魚骨〟というのは、魚骨をもどしたものだ。魚骨は「明骨」ともいって孔府菜によく使われる食材だが、乾燥したチョウザメの骨である。チョウザメは〝中国語で中華鱘〟、また〝鱘鰉魚〟ともいう。〝鱘鰉 xúnhuán〟の音は〝秦皇 qínhuán〟に通ずる。

そう、彼処《かしこ》では魚骨を秦の始皇帝に見立てて、これを煮たり揚げたりして食うことにより、焚書坑儒の恨みを今に晴らしているのだ。秦檜が死んだのは今から八百年ほど前だが、始皇帝が死んでからは二千年以上の歳月が経っている。それでも、なお――

ああ、恨みというものは買わないに如《し》くはないネ。

追記――上海の友人某氏がいうことには、鶏の頭を食べるとき、脳を「秦檜」に見立てるそうだ。血管の巻きついた脳の形が、あたかも縄をかけられて跪く罪人の姿のように見えるのだという。蟹の中に法海和尚がいるというのと似た話である。

追記——二　柳田國男の『日本の伝説』に、『願掛重宝記』という書物から、次のような話が紹介されている。

……亀井戸《かめいど》の天神《てんじん》の境内には、頓宮神《とんぐうじん》という小宮があって、その中には爺と婆との木像が置いてありました。その後には青赤二つ鬼が縄を持って立っています。頓宮神というのはこの爺様のことで、昔菅公《かんこう》が筑紫《つくし》に流された時に、婆は親切であったが、爺の方はまことにつらく当りました。それで今でもお参りをする人は、わざわざ鬼の持っている縄で爺の体を巻き付けて天神に願掛けをする。そうして七日目にその縄を解くのだといっております。（『柳田國男全集　25』）

文庫版追記——競鴻主編『北方飲食掌故』（百花文芸出版社　二〇〇四）所収の「〝三皮糸〟与〝剝豹皮〟」という文章に、次のような話が載っている。

唐の玄宗年間、三人の有名な酷吏がいて、人々に憎まれていた。一人は王旭といい、顔の色が黒いので黒豹とあだ名された。もう一人は李嵩。赤ら顔で赤豹と呼ばれた。三人目の李全交は顔の色が白く、白豹と呼ばれた。

　京師のある料理屋の厨師が、こんな料理を考案した。薄黒い烏黒鶏の皮と淡紅色の海蜇《くらげ》の皮、それに白い豚の皮を細切りにして涼拌（冷たい和え物）を作り、「剥豹皮」（豹の皮を剥く）と称したのだ。やがてこのことが三人に伝わり、厨師は殺されたが、料理は「三皮糸」と名前を変えて伝わったという。

　右の三人の酷吏については、『新唐書』「酷吏列伝」に載っているというが、この逸話も載っているのかどうか、筆者はまだ確かめていない。

袁枚と王小余

随園本館はいずこ？

東京の中華料理を食べ歩いた人なら、「随園別館」を御存知だろう。

わたしがいうのは、新宿駅寄りに移った現在の店のことではない。その前の、同じ新宿通りには面していたが、御苑前より、やや四谷寄りの町角にあった店のことである。

わたしがあの店と出逢ったのは、もう四半世紀も前だろうか。夕暮れ時、家庭教師のアルバイトに行く途中、バスの窓から見つけて、後日、昼間に散歩がてら行ってみたのだ。

当時、あの界隈には「新宿三丁目ビル」をはじめ、戦後復興期の風情を偲《しの》ばせる建物がまだかなり残っていた。「随園別館」もその一つで、横町の角に建っている二階建ての店は、大きなガラス窓に中華風の装飾が施され、異邦の薫りを濃厚に放っていた。裏へまわると、そこはあたかも貿易会社の倉庫を思わせ、静かな昼の光の中に微《かす》かな埃《ほこり》臭さが感じられた。

　この店は構えも異国風なら、料理も当時は珍しかった北京の家常菜を売り物にしており、羊肉炒めや胡瓜《きゅうり》のスープなどを注文してみると、いまだ見ぬ華夏の都を訪れたような心地がした。

　夏の暑い盛りには、瓶《かめ》の紹興酒の上物を壜で冷やして飲ませた。コクがあって香りも喉ごしも良く、わたしたちはこの酒を目あてに何回か通った。合菜戴帽、イカと腎臓の炒め、レバーの唐揚げといった料理が、ボウボウと火の燃え盛る調理場から運ばれてくる。それが何と新鮮に思われたことか——バナナの抜糸《パースー》を初めて食べたのもこの店でだった。衣が厚く、今から思うとちょっとブカブカした抜糸だったが、不思議な珍味に感じられた。

「ここが別館だとすると、本館はどこにあるんだろう」と話し合ったことを憶《おぼ》えている。当時、新宿の小田急ビルに「随園」という中華料理屋があり、そこか、などと噂したけれども——焉《いずくんぞ》知らん、本館は十八世紀の南京にあったとは。

袁枚の料理書

清の乾隆年間の文人・袁枚《えんばい》（一七一六〜九七）が残した料理書『随園食単』は、日本でも中国料理にかかわる人々の間で、あたかも聖書のごとく貴ばれた。推測するに、くだんの店の創業者もこの本を貴んだ人の一人であろう。随園とは、袁枚が南京に構えた屋敷の名前だ。そちらが本館とすれば、自分の店は〝別館〟くらいにさせてもらおう、と洒落《しゃれ》たのだろう。敬意と自信の両方をこめた命名である。

料理書として、料理界の人以外にも広く読まれている本といえば、けだし、この『随園食単』とブリア＝サヴァラン（一七五五〜一八二六）の『美味礼讃』とが双璧だろう。両者は奇《く》しくも同じ十八世紀に生まれた美食家たちが書いたものだが、本としての体裁はまるっきり異なっている。

『美味礼讃』の原題は“Physiologie du Goût”——逐語訳すると『味覚の生理学』だ。著者は初めに〝感覚〟のいかなるものであるかを論じ、それから味覚の定義にうつって、さらに「美味学」を定義し、食物一般をつぶさに語り、眠り、夢、肥満、痩せすぎといった生理現象から、最後には「死」に思いを致す。そのあとに料理術の歴史と雑録が続くといった具合で、もとより遊び心に溢れた衒学《げんがく》的著作ではあるけれども、美味学という新しい学問分野の創造を標榜《ひょうぼう》して、理論的に構成されている。

一方、袁枚の『食単』は、その名の通り製法《レシピー》集だ。自序によれば、彼は平素他人《ひと》の家で御馳走になってくると、自宅の料理人をその家の厨房に遣わして、調理法を学ばせた。四十年間、そうして集めた美味の製法を書きとめたものだという。

全体の構成としては、初めに「須知単（予備知識）」「戒単（警戒事項）」の二章があって、料理一般に対する心がけを説く。そのあとに具体的な調理法が列挙されるが、素材別に、次のような章分けをしてある。

海鮮単（海産物の部）、江鮮単（川魚の部）、特性単（豚肉の部）、雑性単（各種獣肉の部）、羽族単（鳥類の部）、水族有鱗単（鱗のある魚の部）、水族無鱗単（鱗のない水中生物の部）、雑素菜単（精進料理の部）、小菜単（小菜の部）、点心単（点心の部）、飯粥単、茶酒単――以上の十二章に書きとめられた料理や茶酒の種類は三百二十七種に及ぶ。

宴席の美学

この本は、調理法そのものにも無論価値があるわけだが、実用書としては、今日もっと便利な本がいくらも出ている。しかるに、人が今もって随園を語るのは、飲食一般に対する美学をはっきりと打ち出しているからだ。それらは主として「須知単」と「戒単」とに述べられている。

美学ということでいえば、『美味礼讃』の場合は、巻頭に掲げたアフォリスムがこれを要約している。少し抜き出してみると――

〝どんなものを食べているか言ってみたまえ。君がどんな人であるかを言いあててみせよう。〟

〝食卓こそは人がその初めから決して退屈しない唯一の場所である。〟

〝新しい御馳走《ごちそう》の発見は人類の幸福にとって天体の発見以上のものである。〟

〝食べ物の順序は、最も実のあるものから最も軽いものへ。〟

〝飲み物の順序は、最も弱いものから最も強く最もかおりの高いものへ。〟

〝料理人に必要欠くべからざる特質は時間の正確である。これはお客様のほうも同じく持たねばならぬ特質である。〟

〝だれかを食事に招くということは、その人が自分の家にいる間じゅうその幸福を

引き受けるということである。〟　（関根秀雄・戸部松実訳）

いずれもなるほどと思わせるが、『随園食単』（「須知単」）中の名言もこれにおさおさ劣るものではない。

〝一席の佳肴《かこう》は料理人の功が六分で、買出人の功が四分である。〟

〝盛る物が高価なれば器は大なるがよろしく、安価なれば器は小なるがよろしい。〟

〝菜の出し方は、鹹《から》いものは先に出し、淡《あま》いものは後にするがよろしい。濃いものは先にし、薄いものは後にするがよろしい。汁のないものは先にし、汁のあるものは後にするがよろしい。〟

〝且つ天下には元来五味（酸苦甘辛鹹）があるから、鹹《かん》の一味で概《おしな》らしてはいけない。客が食い飽くと脾臓が困《くる》しむものだ、だから辛辣をもってこれを興奮させねばならぬ。客が酒を多く飲めば胃の腑が疲れるものだ、だから酸甘をもってこれを覚醒させねばならぬ。〟　（青木正児訳　以下同様）

これらの言葉は飲食と宴席にかかわる大原則を示しているといえよう。サヴァランの言も袁枚の言も、禁酒の国はいざ知らず、少なくとも酒ある国の知恵としては普遍性を有している。

料理に人を待たせるべからず

しかし、サヴァランの美味学は、この段階からただちに料理の個別論にうつってしまう。一方、『随園食単』には、著者個人の飲食哲学がもう一段詳細に述べられていて、それは日本の料理人などにも共感できるものだった。その哲学は素材主義と実質主義に要約されるといって良い。

もちろん、素材の性質を知り、持てる味わいを最大限に生かすことは、あらゆる料理術の基本である。しかし、基本というものは実行することが難しい。随園はそのための心得を、部位の選別、火加減など事細かに列挙する。

材料の取り合わせに関しても、彼にははっきりした嗜好がある。料理には輔佐《あしらい》が必要としながらも、それは主材料を生かすためのものだから、個性の衝突をなるべく避けようとする。濃には濃を、淡には淡を、黒には黒を、白には白をあしらう、というのが随園の流儀だ。白と黒を配して対照の妙を狙うといったやり方を、彼はとらない。素材によっては、持ち味を生かすために、付け合わせを用いてはならないとさえ彼はいう。鰻、鼈、鰣魚、牛羊などをその例に挙げて、これらのものは味がはなはだ濃厚で、流弊《くせ》もはなはだしいから、全力を挙げて処理してこそ、長所をとり、流弊を去ることができる。「どうして本筋の努力を捨てて、枝葉末節にかかわっている暇があろうか」（「独用を知ること」）と語るのである。

一方、実質主義とわたしがいったのは、味覚優先ということに他ならぬ。彼はいわゆる〝化粧油〟や、砂糖で色を出すなどの、目にへつらい、舌を軽んずるごまかしを嫌う。そして、出来たてをすぐに食べることを重要視する。人が料理を待つとも、料理に人を待たせてはならないというわけだ。

……ある性急《せっかち》な主人が、つねに菜を卓上《たくじょう》に並べるのに必ず一斉に搬《はこ》び出させる。そこで料理人は一席の菜を、すべて蒸籠《せいろう》の中に入れおき、主人が催促するを待って、全部取り出して一斉に卓に上《のぼ》すことにしたという。このようなことをした中にでも佳《よ》い味があり得るであろうか。（「停頓を戒む」）

「戒単」に於いて、随園は「耳餐《じさん》」「目食」をきつく戒める。「耳餐」とは、むやみに高価《たか》い材料を使い、物の名前で人を喜ばせようとすることだ。「目食」とは、食前方丈といった具合にやたらとたくさん食べ物を並べ、舌ではなく目をいたずらに悦《よろこ》ばせることをいう。いずれも肝腎の味覚をないがしろにする弊がある。

食べ物をたくさん出すのは、べつに構わないではないかとおっしゃる方もおられよう。わたしなどもそう言いたいくちだが、しかし、随園に言わせると、「名うての板前が苦心努力しても、一日のうちに作るところの好い菜は四五味にしか過ぎない」（「目食を戒む」）。そして「補助を多人数使ったとしても、またおのおの意見があって、全く紀律がなく、多ければ多いほど駄目になるのである」（「同前」）。されば、品目百を数える満漢全席など、この人からは落第点をもらうことになる。

現今官僚の宴会料理の名号に、十六碟《ちょう》・八簋《き》・四点心の称あり、満漢席の称あり、八小喫の称あり、十大菜の称があるが、かかる種々の俗名は皆へボ料理の悪習である。ただこれを新婚縁家の初入りか、上司着任の歓迎の宴に用いるがよい。この献立で表面の体裁を作って、それに椅披《いすかけ》・桌裙《つくえかけ》・挿屏《ついたて》・香案《こうつくえ》などあしらい、三揖《ゆう》百拝の礼をしてこそ似つかわしいのである。もし家庭的な歓宴や文人の宴会などに、どうしてこのような悪い型を用いられよう。盤と碗と参差《しんし》として入り乱れ、整と散と雑え進めてこそ、名門貴家の気風があるのである。（「型に嵌まることを戒む」）

整と散と雑え進める——思うに、彼の理想の食事はこのあたりが肝要なのだ。品数はさほど多くない。体裁を整えるための料理は出さない。そのかわり出すものは一つひとつ吟味されていて、熱いうちに調理場から持ってくる。客も熱いうちに味わう。誰かさんの長々しいおしゃべりに遠慮して、料理が冷めるのを座視することもない。主は客に無理強いせず、席はなごやかで乱れない。名目・形式・虚礼からの自由がそこにあって、ただ絶対の原則は味覚への奉仕だ。そんな宴会は役人どもにはできぬ。贅沢をひけらかしたいだけの俄《にわ》か金満家にもできまい。袁枚の言葉の端々から、俗物に何がわかろうかという強い矜持《きょうじ》の意識がうかがわれる。

虎を画いて成らず

『食単』の作者はこういう個性の強い人であるから、崇拝者も多いかわり、嫌う人も少なくない。

「おもへば陳眉公《ちんびこう》だの、袁随園《ゑんずゐゑん》だの、李笠翁《りりふをう》だの、支那の文人で食單なぞ作つてゐるのも有るが、大概我が邦の所謂《いはゆる》茶人よりも低いやうに見える」(「蘇子瞻米元章」)という幸田露伴の言葉は、食べ物のことを書く人間一般に向けられているのだから別格としても、青木正児は『食単』の日本語版に付した「訳余贅語」の中で、「私は何となく随園を虫が好かなかった」といい、同じ清代の料理書でも顧禄の『養小録』の方が「気取ったところがなく、趣味も広いので、好ましく愛読せられた」という。

中国食物史学の草分け・篠田統も随園が嫌いだったらしい。『随園食単』は日本では過大評価されているといい、「その記載法が余りにも『文人的』にすぎ、稀には親切な記載もないではないが、多くは木で鼻くくったように素っ気ない」(『中国食物史』)と書いているのは、たしかにその通りだ。

好悪の分かれる原因は人柄にも、食べ物の趣味にもあるだろう。人柄のことはしばらく措《お》いて、袁随園の食味上の個性はどんなものだったかを考えてみたい。

初めに、彼は南方人だったことを心に留めておかねばならぬ。

袁枚は一七一六年、浙江省杭州に生まれ、二十二歳の年、郷試に受かり、翌年殿試に受かって進士になった。それから三年間、翰林院庶吉士として北京で学んだ後、溧《りつ》水《すい》県の知事を皮切りに地方官を歴任し、一七四三年から南京の知事を数年つとめた後、母の世話をすることを理由に引退した。役人生活は十年ばかりであった。引退後は南京の小倉山にある屋敷で文筆に携わり、余生を送ったが、旅行好きで江蘇、浙江はもとより、安徽、広東、広西、福建など各地を歩いている。

従って、彼の〝母なる味覚〟は江南のそれだったけれども、幅広い味の素養を有していたわけである。『食単』に出てくる料理はもちろん、南京、揚州、蘇州、杭州、常熟など江蘇・浙江のものが多い。しかし、肉料理の章を見れば、「白片肉」「羊肚羹」「鹿尾」といった北方料理も取り上げてある。酒に弱い袁枚は白酒を称して「光棍《ごろつき》」と呼んだが、「豚の頭や羊の尾や跳神肉の類を食べるならば」白酒でなければだめだというのは、北方の味をよくわかっている。また広東の端州の肉料理、高要の「滷鴨」、江西の「粉蒸肉」、山東や陝西の餅《ピン》類なども『食単』に登場する。

満洲料理に関しても、袁枚には一家言あった。これには彼の生きた時代が深くかかわっている。御承知の通り、清は満州人が建てた王朝である。その支配階級は皇室を初めとする満州人の貴族と漢人の官僚だ。両者は結局、おつきあいしなければならぬから、食事の面でも交流がすすんだ。乾隆帝の頃は、「満漢席」という言葉が生まれたことからもわかるように、その相互の影響が深度に達した時期である。

袁枚も官僚となって、満州族と交際を持った。彼の場合、高官の尹継善《いんけいぜん》（尹文端《いんぶんたん》公）にとくに世話になり、終生の交わりを結んだ。尹公自慢の料理もしばしば御馳走になった。その彼がいうには――

満洲料理は煮物が多く、漢人の料理は汁物が多い。それぞれ子供の時分から慣れているから長所を持っている。……しかるに今の人はその本分を忘れて、特別に手並を見せようとして、漢人が満人を招くに満菜を用い、満人が漢人を招くに漢菜を用い、かえって様《かた》によって葫蘆《ふくべ》を画き、名あって実なく、虎を画いて成らず、かえって犬に類するものとなっている。（「本分を知ること」）

ここにも袁枚の味覚至上主義があらわれている。満であろうと漢であろうと、質の良いものを嗜むというわけである。

杭州人・袁枚

彼の舌はこのように柔軟な鑑賞力を持っていたが、やはり折々杭州人の顔を覗かせるのは、当然のことだ。南京に長く住んだけれども、この土地の料理のある部分は気に入らなかった。

金陵（南京）の人は好んで海参《いりこ》を鼈に配し、魚翅《ふかのひれ》を蟹の身に配するが、私は見るたびに眉をひそめる。（「独用を知ること」）

杭州では土歩魚を上等の品としている。しかるに南京の人はこれを賤しめ、目して虎頭蛇と呼んでいるのは、笑うべきである。（「土歩魚《どんこ》」）

南京の料理人はいつも鱔を調理すると炭にする。どうも訳が解らない。（「鱔糸羹」）

一方、杭州の料理に対して、こんな手厳しいことも書いている。「醋摟魚《ツウロウユイ》」について――

この物は杭州西湖の五柳居が最も有名であるが、しかし今は醤《みそ》は臭く、魚は腐った。まあ、ひどいことだ。宋嫂の魚羹は徒《いたず》らに名を存するのみ、『夢粱録』の記載は信ずるに足らない。

もっとも、この酷評は「醋摟魚」という料理一般に向けられているのではなく、五柳居のそれが駄目だといっているのだ。自分の家ではちゃんとしたものが出来ると言いたいのだろう。

一体に、袁枚は感覚鋭敏の故か、愛憎好悪の情が激しいようだ。

嫌いなものはとにかく嫌いで、たとえば、火鍋を嫌うあまり、「戒単」に「火鍋を戒む」の一条をわざわざ加えている。飯と粥にはやかましく、汁かけ飯は飯本来の味を失うから、好まない。汁が良ければ、一口汁を吸って一口飯を食えば良いという。ある役人の家に招《よ》ばれた時、料理はまあまあだったが飯や粥が粗末で、無理して咽《の》み下したら、大病を発したという。ある商家の宴では四十余種も料理を出したが、食べられるものがなくて、家に帰ってから粥を煮させた。まあ、こういうことは袁枚でなくても、得てしてあるけれども——

一方、彼は物が気に入れば賛辞を惜しまない。蘇州の沈観察の台所、陶方伯の夫人のつくる点心などは絶賛を得ている。

茶についていえば、杭州出身の彼はもちろん龍井茶をよしとするが、晩年、武夷山に遊んで茶を喫し、これを天下第一と推すようになった。龍井茶の淡麗に対して、武夷茶は濃厚。その味に目覚めたのである。武夷の茶をつくる人は、今もって袁枚の褒め言葉を徳としているだろう。

王小余伝

「癖《へき》のない人間とはつきあえない」と『陶庵夢憶』の著者はいったが、袁枚の癖を好んだ人に英国の東洋学者アーサー・ウェイリーがいる。その評伝『袁枚』は、自由な享楽主義者としての随園に共感を示し、著者自らもまた一癖《いっぺき》ある人だったことをうかがわせる。

わたしはこの本を読んで、初めて袁枚に「厨者王小余《おうしょうよ》伝」という文章があることを知った。それは『小倉山房文集』巻七に入っている。少し難しいが、美食家袁枚を知るためにすこぶる重要なものであるから、今ここに全文を訳してみる。

厨者王小余伝

小余は王姓で、身分の低い肉吏である。烹飪《ほうじん》に長《た》け、その匂いを嗅げば、十歩先からあわてて駆けて来ない者はなかった。初めて来て食単を請うた時、わたしはその贅沢なことを懼《おそ》れた。しかるに頴昌侯《えいしょうこう》の思いがあり《1》、嘆息して言った。「わたしはもとより貧しい人間だ。食事のたびに縄にさした銭を一寸も使うというわけにはゆかないよ」

すると笑って、「かしこまりました」とこたえた。しばらくして、一品のさっぱりした汁物を供した。甘《うま》くて、いくら咽《の》んでも飽き足りることがなかった。客はこれを聞き、争って主孟の請《2》があった。

小余は具（材料）を扱うのに、必ず自分で物を買った。曰く――「物にはそれぞれ天性があります。その天性が良くて初めて料理する価値があるのです」すでに材料を得れば、これを泔し、奥し、脱し、作する《3》。客は嘈々然《そうそうぜん》として、厭くことを属《のぞ》んで舞い、器まで呑もうとすることしばしばだったが、それでも品数は六、七を過ぎず、それ以上はつくらなかった。

また彼が竈《かまど》に倚《よ》る時は、雀立して目を他所《よそ》にそらさず、釜の中を瞠《みは》っている。大声をあげて呼んでも、寂として聞こえぬがごとくである。火を起こす時は「猛」というと、火勢の旺《さか》んになること、赤日のごとしだ。「撤《さん》」といえば、薪をくべる者はすみやかに火力を減ずる。「しばらく蘊《うん》せよ」といえば、則ちこれを置くこと棄つるがごとし。「羹ができたぞ」といえば、侍者は急いで器にこれを受ける。少しでももたついていると、必ず大声で怒鳴りつけ、少しでも勝手な振舞いがあると、すぐにいなくなってしまう。用いるところの堇萱《きんかん》の滑、および鹽豉《えんこ》、酒醬《しゅしょう》の滋など、臂《うで》を奮うの下、いまだかつて指を染めて味見するのを見たことがない。料理が終わると手を沃《すす》いで坐し、その鉗銛刀削笮帚の属を滌磨すること、およそ三十余種、これを箱いっぱいにしまい置く。他人が汁を盗み飲みして、手をきれいにして真似ようとしても、真似出来なかった。

ある人が教えを請うと、曰く――「口で言うのは難しいのです。料理は医術のようなものです。わたしは一心を以て百物の宜を診し、謹んでその水火の斉を審《つまび》らかにします。そうすれば、萬口の甘は一口のごとしです」

その眼目を問うと、曰く――「濃いものは先にし、清いものは後にし、正なるものを主にし、奇なるものを雑《まぜ》る。その舌が倦《う》むのを見たら、辛を以てこれを震《おどろか》す。その胃が盈《み》ちるのを待って、酸を以てこれを陥《ふさ》ぐ」

わたし曰く――「八珍七熬は貴品だ。君がこれを能《よ》くするのは当然だ。でも、たかだか卵二つのおかずでも、君がつくれば必ず族凡と異なる。なぜだね？」

曰く――「大を能くして小を能くせざるは、気が粗なのです。嗇《しょく》を能くして華《か》を能くせざるは、才が貧弱なのです。かつ、味はもとより大小、華嗇の間にはありません。能ある者がつくれば、一芹一葅《4》といえども、みな珍味です。能のない者がつくれば、たとえ黄雀の鮓《すし》を三楹《えい》つくろうとも無益です《5》。しかるに、名を好む者は美味といえば、これを必ず《霊霄之炙》だの《紅虬之脯》だの、《丹山之鳳丸》《6》だの《醴水之朱鼈》《7》といったものに求める。またでたらめではありませんか？」

わたし曰く――「君の術はまことに工《たくみ》だ。しかし、炮炙宰割（りょうり）をたくさんして物の命を大いに奪うのは、罪悪ではないかね？」
曰く――「庖犧《ほうぎ》氏《8》以来、今に至るまで、炮炙宰割する者は万万世を数えます。どうして庖犧を罪とすることがありますか？　しかしながら、味を以て人に媚びるのは物の性です。彼《か》の、物の性を尽くして、その美を人に表すことができず、いたずらにこれを鼎鐫《ていせん》の間に枉死《おうし》せしめるのは、罪悪の最たるものといえましょう。わたしは『詩』の吉蠲《きっけん》《9》、『易』の『鼎』烹《10》、『尚書』の槀飫《こうよ》《11》の意を能く尽くし、以て先王の物の性と成すゆえんを得、しかも又、杞柳をそこなうことを巧と為し、天物をほろぼして奢を鬥《あらそ》うことを肯《がえん》じない。これもとより司勲者《12》が功績として書き残すところです。何が罪悪なものですか」
わたし曰く――「君ほどの才腕をもちながら、朱門に刀匕《とうひ》を供せず、この随園に老いて終わるとは、なぜだね？」
曰く――「知己（己を知る人）を得ることは難しく、知味（味を知る人）を得ることはもっとも困難です。わたしは苦思し力をつくして、人に食べさせます。料理を膳に上《のぼ》せるときは、わたしの心腹腎腸も一緒に上せているのです。しかるに、世のやかましい声を立てて流しこむ連中は、上手くいったものも失敗したものも、同じように喜んで食べます。こんな輩に仕えていては、たとえわたしをほめてくれても、わたしの技量は日々に落ちていきます。それに、いわゆる知己なるものは、その長所を知るだけでなく、短所も知る人をいうのです。旦那様はいつもかならずわたしを斥《せ》め、わたしを難じ、わたしをそしり、しかもそれがみな、わが心の密《ひそか》にとがめるところを突いています。これすなわち、美誉の苦、厳訓の甘にしかずというもの。わたしの技量は日に進みます。もうおっしゃいますな、わたしはここで身を終えるつもりです」

　王小余はわたしに仕えて、いまだ十年にならずして卒した。わたしは食事のたびに必ずこれのために泣く。かつその言を思うに、民を治めて可なるものあり、文を治めて可なるものあるではないか。これがために伝を書いて永くその人を記念する。

《1》潁昌侯は潁昌の何侯、すなわち何曽のことか。『晋書』何曽伝「文王の道を以てその親に事えん」云々。

《2》主孟は晋の大夫里克の妻。『国語』（晋語二）「主孟啗我……」云々。あちらこちらの奥方から料理を頼まれたというのであろうか？

《3》泔は米のとぎ汁にひたすこと。奥は塩漬け、あるいは酒漬けにすること。脱は肉から皮や骨を取り去ること。作は魚の鱗をおとすこと。参照、『礼記』内則。

《4》せりの漬物。参照、『周礼』天官。

《5》参照、周密『斉東野語』「多蔵之戒」。

《6》《7》いずれも『呂氏春秋』本味に見える美味。

《8》伏羲《ふつぎ》氏に同じ。中国伝説の聖王。

《9》『詩経』小雅、天保。祭祀の前に吉日を選び、斎戒沐浴すること。

《10》鼎は卦名の一つ。『易経』「鼎」にいう――「鼎、元〔吉〕、亨。象曰、鼎、象也。以木巽火、亨飪也」

《11》稾飫　酒食を賜うて労を慰めること（大漢和）。参照、『逸書』稾飫序、伝。

《12》司勲は周代の官名。功賞をつかさどる官。

料理人と美食家の関係

思うに、『食単』を知る者、これを読んでハタと膝を叩《う》たざるはないであろう。随園が食味について掲げている最も重要な原則は、ここに尽くされているではないか！辛味・酸味の使用法は「須知単」の述べるところとまったく同じである。「耳餐」「目食」を戒むの精神も、「停頓を戒む」の心も、この料理人が実践を以て随園に教えていた。『詩経』や『易』がどうこうというくだりは、もちろん、袁枚の文飾だろう。だが、そんな言葉の文《あや》でない、本当に大事なことは、袁枚がいかに多くこの王小余から学んだかが推察される。

彼が王を雇ったのは、役人を辞め、小倉山に居を構えた当時だった。年は三十代後半――彼の生家は貧しかったから、幼少時には贅沢ができなかった人だ。生まれつき繊細な味覚を持っていたにしても、食味の大通になるには、まだまだたくさん美味しいものを食べる必要があった。しかるに、自分でも言っている通り、財布の中はあまり豊かではなかった。

この時、もし凡庸な料理人を雇っていたら、彼の美食家修行は停滞を余儀なくされたろう。幸いにして王のような人物に出逢ったおかげで、たとえ贅沢ではなくとも質の良い食事を朝夕にとり、感覚を磨くことができたのだと思われる。

『随園食単』が世に出たのは袁枚の最晩年、八十歳の頃である。袁枚はすでに文人として名声赫々《かくかく》、売文によってかなりの財を成していた。ここに至る半世紀の間には、随分と美味珍味を味わったにちがいない。料理人も大勢使っただろう。『食単』には楊《よう》二《じ》、扣《こう》児《じ》といった料理人の名前が出てくる。楊二が死んだとき、随園は彼を悼む詩を書いた。（「庖人楊二事余有年、忽然化去、不能無詩」『小倉山房詩集』巻三十三）

料理人たちは袁枚の厳しい監督の下にあった。かれらは一日賞罰を加えなければ、一日必ず怠慢を生ずる、と袁枚はいう――

……今日の菜は火がよく廻っていないな、と思いつつも、まあまあと嚥《のみ》込《こ》んでおくと、明日の菜は必ず更に生焼けが加わる。真味はすでに失われているが、我慢して言わずにおると、その次の羹《あつもの》は必ず草率《そまつ》が加わって来る。且つまたただ空賞空罰するだけではいけないのである。その佳《よ》いものは必ずそれが佳く出来た理由を指示して賞《ほ》め、その劣《わる》いものは必ずそれが劣くなった故を尋求して罰《しか》る。そして塩加減は必ず適中させて、寸分のくるいをも許さない。こうするとそのうち必ずその当を得るに至るであろう。（「間に合せを戒む」）

　このような教育の甲斐あり、「私の指図に従って訓練された家の者の料理は、その味がやはり結局同じでない」（「型に嵌まることを戒む」）と自慢するほどになったのであるが、もしも王小余がいなかったら、随園はそんなに優れた指導者になれただろうか？

洋の東西を問わず、食味の発達した国では、料理人と美食家は互いに教え合い、幾世代にわたって文化を継承し、洗練させてゆくものである。けだし袁枚と王小余の場合は、その一典型を示している。かかる幸福な連鎖がもし途絶えたならば、味覚の野蛮時代がやってくる。

追記――文中、王小余伝を訳すにあたって、大木康氏の御協力を得た。謹んでここに感謝の意をあらわす。

合肥の李鴻章大雑燴——あとがきにかえて

灰色の石門をくぐって、あたかも浅草の仲見世を思わせるにぎやかな参道に入って行くと、両側には男物・女物の安い服飾品を売る店が、何十軒、何百軒とひしめいていた——ちょっとした洋服の市場だ。

しかし、この城隍廟南側の通りが最初からそういう目的で造られたとは、とても思えなかった。

〝仲見世〟の建物はみな二階建てで、二階はテラスのようになっており、灰色の細い支柱のついた欄干がえんえんと続いている。一棟ごとに灰色の梁《はり》が橋のごとく左右の建物をつないで、空間を、カマボコを切るように仕切っている。町の全体の構造が大きな遊郭を連想させた。場所柄といい、もしかすると、昔はそうだったのかも知れない。

いや、べつに根拠があって言っているわけではない。わたしの勝手な想像にすぎない。しかし、ひとたびそう思い込むと、洋服も洋服屋ももう目には入らず、道行く人は嫖客《ひょうかく》に見え、わたしの心の眼には、欄干に凭《もた》れて扇子を使いながら流し目を送る女たちの姿が映った。話に聞く吉原の雑踏の中にでもいる心地がした。だが、そのうちハッと驚かされたのは、前方へ進むにしたがい、灰色の梁の上に、黒ずんだ殿閣がのっそりと迫《せ》り出してきたからである。

天を冲《つ》くその建物は、まるで黒い魔王のようだった。四方を睥睨《へいげい》する神の宮殿の天守閣——そのように見えたのだが、近寄ってみると、そこは城隍廟自体の建物ではなく、廟の北側にある五層の仏塔だった。わたしたちは中に入らなかったが、上にのぼることも出来て、入口からは低音の、ビートの効いた呪文のような音楽が流れていた。

廟の主部は改修中で、入ることは出来なかった。ただ、仏塔の向かいにある城隍娘娘《にゃんにゃん》廟は拝んだ。ここの主神は女神様なのかしらん。それとも、中に別の神々がおわすのだろうか。

門から棟続きになっている建物の南東の角に、「績渓徽菜館」という料亭が看板を掲げている。

じつは前日、わたしたちはここでさる人に御馳走になったのだ。安徽省南部の郷土料理を供する老舗で、この店も改築中と見え、店内は少し手狭で、白壁のいささか殺風景な部屋で夕飯を食べたのだけれども、「臭桂魚」という発酵させた魚の料理などは乙《おつ》だった。

わたしたちは、少しあたりを散歩してから、例の洋服屋通りと平行する裏道に入ってみた。そこには、両側に小吃の店ばかりズラッと並んでいる。間口の狭い小店ばかりで、食べさせるものはやきそばとチャーハンがもっとも多い。

太ったおばさんが鉄板で勢い良くチャーハンを炒めているのを、立ちどまって見ていると、「中へ入れ」というから、店に入った。

店の奥は暗く、天井が高く、がらんとしていた。エドモン・ダンテスの牢獄のようだ。テーブルが三つほどあり、女の客が何か汁そばを食べている。

わたしたちは椅子に坐ると、腸詰入りチャーハンと桂花湯円《グイホアタンユアン》を一つずつ注文した。チャーハンはポロポロのお米で、ソースの香りがした。家庭的な味、昔の中華屋風のチャーハンだ。湯円《タンユアン》は大ぶりな白玉団子で、トロリとした汁に浮かんでいる。汁は薄甘く、金木犀《きんもくせい》の香りがする。団子は熱くて、うっかり口に入れるとやけどをしそうだった。

女の客が去ると、店の主人らしい小太りなおじさんが、そちらのテーブルに置いてあった高菜の碗を持ってきて、「これを混ぜて食べると美味しい」という。言われた通りにして一口食べ、「好吃《ハオツー》」というと、おじさんはニッコリして、「どこから来た」とたずねる。「日本から」といったとたん、おじさんの表情は硬くこわばる。しかし、すぐに笑顔を取り戻して、おまえの国にもこんなチャーハンはあるかというから、わたしは「ある」とこたえる。

わたしたちは三人連れで、二人は太った中年男、一人は妙齢の女性だった。おじさん曰く、こちらのお嬢さんとおまえは中国人に見えるけれども、もう一人は見えないね。わたしはそれを友人たちに通訳する。中国人に見えないといわれた友人のM君は、無言でボリボリと頭を掻いた。

お勘定はチャーハンが二元で湯円が三元。おじさんは例の太ったおばさんに「ホレ、日本の朋友《ペンヨウ》が二元くれるぞ」といって、チャーハン代を渡した。わたしはこの店がチャーハン屋なのかと思っていたが、そうではなくて、ただのお隣さんだったようだ。「日本朋友、再見」といって、おじさんは手を振る。下町の気の良いおじさんである。

わたしたちがここ安徽省合肥の町へやって来たのは、日本では馴染みの薄い安徽料理を食べるためだった。安徽料理は上海に行けば食べられるというけれども、やはり本場の味を知りたい。ことに、「李鴻章大雑燴」は、「チャプスイの話」にも書いたことだから、合肥でぜひ味わってみたい。

ちょうど三月の半ばに杭州へ行く用事があったので、そのついでに三日間だけ合肥に寄り道してみた。

安徽省は隣り合う浙江省や江蘇省に較べると、経済発展がまだ進んでいない。飛行場からタクシーで入った合肥の町の印象も、埃っぽくくすんだ感じで、十数年前初めて中国に来た時のことを思い出した。

それでも変化は訪れていて、くすんだ低い家々の間に外資系ホテルの高楼が聳えている。

部屋に入って服務指南の冊子を見ると、うしろの方に、当地の名菜を紹介するページがあった。「魚咬羊」、「廬州烤鴨」、「李鴻章大雑燴」が載っていた。わたしはそのページを外してフロントに持って行き、それを示しながら、たずねた――「こういう料理を食べたいのだが、どこに行けば良いんですか」

フロントの人は「李府酒楼」というレストランを教えてくれた。合肥に着いた翌日、その店に行ってみたが、「李府酒楼」は李府、すなわち李鴻章旧居の真ん前にあった。

本文にも書いた通り、李鴻章はこの町の出身で、繁華街に彼の旧居がある。場所は、掘に囲まれた旧城内の北東にあたる。曹操ゆかりの「逍遥津」という公園と大通りを隔てて向かい合う一画に、明教寺という古刹があり、そのまわりはショッピング街で、百貨店やレストランが軒を連ねている。さながら小王府井《ワンフーチン》という趣だ。李鴻章旧居はこのにぎやかな一画の広場に面し、「李府酒楼」はその真向かいのビルの三階にある。

席に着いてメニューを開くと、果たして一番最初のページに、特選料理として「李鴻章大雑燴」が載っていた。わたしは「しめしめ」と思いながら注文した。しめしめ、これで自分のチャプスイ談義にも箔《はく》がつくというものだ。

ところが、出て来た料理を見ると、予想とは全然違う。贅沢な五目うま煮を期待していたのに、小姐が運んで来たのは白磁の器に入ったスープで、黄色く混濁し、臓物とイカなどが入っている。味は塩味で悪くないが、これはどう見てもただの内臓スープ――「雑砕湯」ではないか。

わたしたちはガッカリした。

一体どういうことなのだろう？　合肥滞在の間、ついに他の店で「李鴻章大雑燴」を食べる機会に恵まれなかったから、あれが合肥の今のやり方なのか、「李府酒楼」だけの流儀なのか、わからない。思うに、本当の「大雑燴」は魚肚だの海参だのといった高級な材料を使うから、値が張る。ふつうのお客には注文しにくいので、あの店では大衆向けに安い代用品で済ましているのかもしれない。

こういうことは、じつはよくある――物の本に載っている名物料理を楽しみにして、その土地へ行ってみると、とんとめぐりあえない、ということが。とくに高級な、手間のかかる料理がそうだ。昨今の御時勢により、中国の食生活は空前の大変化を遂げつつある。食べ物の流行は目まぐるしく変わる。全体に、目新しく、単純な料理が持て囃《はや》され、古風な料理はどこでも消えて行く傾向にある。

わたしは本書の校正刷りを読み返した時、自分がかつて食べた物のことをくどくど書いているのが気になった。こんな、自分の思い出語りなどは、料理通の人にとっては少しも面白くない話で、いっそ全部削ってしまおうかとも思った。

しかし、結局そうしなかったのは、ひとつには、わたしたちが今（西暦二〇〇五年に）食べている中華料理が、二十年後にはどれほど残っているかわからない――ましてや百年後には、と考えるからだ。遼東の豕《いのこ》のそしりをおそれず、自分の限られた体験を吹聴するのは、ことによると、後の時代の食べ物好きな誰かが、目を瞠《みは》って読んでくれはしないかと期待するからである。

二〇〇五年四月五日記す

文庫版あとがき

昔、歌人の須永朝彦さんが『泰西少年愛読本』という〝少年愛〟小説のアンソロジーを編まれた時、わたしも翻訳をお手伝いした。その本をI先生という方に差し上げたら、先生は題名を『泰西少年愛・読本』ではなく『泰西少年・愛読本』とお読みになった。

こういうことは時々起こる。

本書は二〇〇五年に集英社新書の『中華文人食物語』として上梓されたが、その時、翻訳家の坂本あおいさんに一冊進呈したら、坂本さんは題名を見て、『中華文・人食(ひとくい)物語』と読んだ。まあ、人食いの話も入ってはいるけれど、「中華文」はすさまじい。わたしとしては「チュウカブンジン・タベモノガタリ」と読ませたかったのだが、「ショクモノガタリ」と読まれることの方が多かった。これは、どちらでも構わない。

新書版のあとがきを見ると、「わたしたちが今（西暦二〇〇五年に）食べている中華料理が、二十年後にはどれほど残っているかわからない」という文句がある。

果たしてこの二十年間に世界は一変して、食文化もすっかり変わった。たくさんの物が昔の夢になってしまった。もうあまり先のないわたしなどは、『陶庵夢憶』の作者のように、往時を懐かしむばかりである。

文庫化にあたって本文はいじらないつもりだったが、読み直して明らかな誤りを見つけた箇所などに若干訂正を加えた。また本文のあとの「追記」を二、三付け足し、文庫版のオマケとして、春陽堂書店のウェブサイトに掲載した「魯迅と楊梅酒」「黍の黄酒」「酒虫と消麺虫」を収録した。こちらも字句を多少訂正してある。

新書を書いていた時、今思えば一方《ひとかた》ならぬお世話になった編集者の椛島良介氏、袁枚の文章について御教示を賜った大木康氏、今回の文庫化を御快諾下さった集英社新書編集部と文章の収録をお許し下さった春陽堂書店編集部の皆様、そして本書に新しい形を与えて下さった中公文庫編集部の三浦由香子氏に厚く御礼を申し上げる。

二〇二四年春

南條竹則

付録

本文中に和訳して引用した周亮工『閩小記』「土筍」、郝懿行『記海錯』「土肉」「海腸」、袁枚「厨者王小余伝」の原文を左に掲げる（「厨者王小余伝」の句読点は、王英志主編『袁枚全集』による）。

土筍

豫在閩常食土筍凍味甚鮮異但聞其生於海濱形類蚯蚓終不識作何狀後閲寧波誌沙噀塊然一物如牛馬腸臟頭長可五六寸許胖軟如水蟲無首無目無皮骨但能蠕動觸之則縮小如桃栗徐復臃腫其涎腥雜五辣煮之脆美爲上味乃知餘所食者卽沙噀也閩人誤呼爲筍云豫姻有肥而無骨者豫以沙噀呼之衆初不解後覩此咸爲匿笑沙噀性大寒多食能令人暴下謝在杭作泥

笋樂清人呼爲沙蒜

土肉

李善文選江賦注引臨海水土異物志曰土肉正黒如小兒臂大長五寸中有腹無口目有三十足炙食餘案今登萊海中有物長尺許淺黄色純肉無骨混沌無口目有腸胃海人没水底取之置烈日中濡柔如欲消盡瀹以鹽則定然味仍不鹹用炭灰腌之卽堅韌而黒收乾之猶可長五六寸貨致遠方啖者珍之謂之海蔘蓋以其補益人與人蔘同也臨海志所説當卽指此而云有三十足今驗海蔘乃無足而背上肉刺如釘自然成行列有二三十枚者臨海志欲指此爲足則非矣

海腸

形如蚯蚓而大長可尺許土色微紅一頭肉束有類鬚然蓋其首也穴於深海之底沙中作孔如蛄

蜣所居約入沙二尺許頭在穴口幺蟲經過吸取吞之其遺矢處亦作細孔人不見也腸細如綫可長丈許夜間出穴覓食腸蒂卻繫穴口比曉仍還或遭風浪漂斷游腸棲泊岸邊爲人所得矣破視其腹血色殷然海人亦喜啖之或去其血陰乾其皮臨食以溫水漬之細切下湯味亦中啖海蛆者巨如鯤卵尾如鼠尾腹盡淄泥釣竿爲餌以致嘉鯕鐃有所得其物難煮不中啖也

厨者王小餘傳

小餘王姓、肉吏之賤者也。工烹飪、聞其臭者、十步以外無不頤逐逐然。初來請食單；餘懼其侈、然有穎昌侯之思焉、嗜曰：「豫故窶人子、每餐緡錢不能以寸也。」笑而應曰：「諾。」頃之、供淨飲一頭、甘而不能已于咽以飽。客聞之、爭有主孟之請。小餘治具、必親市物、曰：「物各有天。其天良、我乃治。」既得、泔之、奥之、脱之、作之。客嘈嘈然、屬饜而舞、欲吞其器者屢矣。然其簋不過六七、過亦不治。又其倚竈時、雀立不轉目、釜中瞠也、呼張噏之、寂如無聞。眴火者曰「猛」、則煬者如赤日；曰「撤」、則傳薪者以遞減；曰「且然蘊」、則置之如棄；曰：「羹定」、則侍者急以器受。或稍忤及弛期、必仇怒叫噪、若稍縱即逝者。所用菫荁之滑、及鹽豉、酒醬之滋、奮臂下、未嘗見其染指試也。畢、乃沃手坐、滌磨其鉗銛刀削笮帚之屬、凡三十餘種、庋而置之滿箱。他人掇汁而捼莎學之、勿肖也。

或請授教、曰：「難言也。作厨如作醫。吾以一心診百物之宜、而謹審其水火之齊、則萬口之甘如一口。」問其目、曰：「濃者先之、清者後之、正者主之、奇者雜之。視其舌倦、辛以震之；待其胃盈、酸以阨之。」曰：「八珍七熬、貴品也、子能之、宜矣。嗛嗛二卵之餐、子必異于族凡、何耶？」曰：「能大而不能小者、氣粗也；能嗇而不能華者、才弱也。且味固不在大小、華嗇閒也。能、則一芹一菹皆珍怪；不能、則雖黃雀鮓三楹、無益也。而好名者又必求之于靈霄之炙、紅虬之脯、丹山之鳳丸、醴水之朱鼈、不亦誣乎？」曰：「子之術誠工矣。然多所炮炙宰割、大殘物命、毋乃爲孽歟？」曰：「庖犧氏至今、所炮炙宰割者萬萬世矣。烏在其孽庖犧也？雖然、以味媚人者、物之性也。彼不能盡物之性以表其美于人、而徒使之狼戾枉死于鼎鑊閒、是則孽之尤者也。吾能盡《詩》之吉蠲、《易》之《鼎》烹、《尚書》之藁飫、以得先王所以成物之意、而又不肯戕杞柳以爲巧、殄天物以鬥奢、是固司勛者之所策功也。而何孽焉？」曰：「以子之才、不供刀匕于朱門、而終老隨園、何耶？」曰：「知己難、知味尤難。吾苦思殫力以食人、一肴上、則吾之心腹腎腸亦與俱上；而世之噴聲流歠者、方與庮敗同匾也。是雖奇賞吾、而吾伎且日退矣。且所謂知己者、非徒知其長之謂、兼知其短之謂。今主人未嘗不斥我、難我、掉磬我、而皆刺吾心所隱疚、是則美譽之苦、不如嚴訓之甘也。吾日進矣、休矣、終于此矣。」

未十年。卒餘每食必爲之泣、且思其言、有可治民者焉、有可治文者焉、爲之傳以永其人。

引用・参考文献一覧

本書執筆にあたり引用した文献、特に参考にした文献を以下に挙げる。著訳者の方々に深く感謝する。

邦文

青木正児『華国風味』岩波文庫　一九八四年
青木正児『江南春』平凡社　東洋文庫　一九七二年
青木正児『酒の肴・抱樽酒話』岩波文庫　一九八九年
青木正児『中華名物考』平凡社　東洋文庫　一九八八年
阿堅・車前子・洪燭『中国美味礼讃』鈴木博訳　青土社　二〇〇三年
アーサー・ウェイリー『袁枚』加島祥造・古田島洋介訳　平凡社　東洋文庫　一九九九年
ヴィクトル・ユゴー『ノートル＝ダム・ド・パリ』下　辻昶・松下和則訳　潮文庫　一九

七三年
袁枚『随園食単』青木正児訳注　岩波文庫　一九八〇年
王仁湘『中国飲食文化』鈴木博訳　青土社　二〇〇一年
奥野信太郎『随筆北京』平凡社　東洋文庫　一九九〇年
『華味三昧——中国料理の文化と歴史』講談社　一九八一年
桓寛『塩鉄論』佐藤武敏訳注　平凡社　東洋文庫　一九七〇年
木下謙次郎『美味求真』啓成社　一九二五年
木下謙次郎『美味求真』第二巻、第三巻　五月書房　一九七三年
邱永漢『食は広州に在り』中公文庫　一九七五年
倉阪鬼一郎『怪奇館』弘栄堂書店　一九九四年
『桑原隲蔵全集』第二巻　岩波書店　一九六八年
呉自牧『夢粱録』梅原郁訳注　平凡社　東洋文庫　二〇〇〇年
幸田露伴『露伴全集』第十五巻、第十六巻、第三十一巻、別巻下　岩波書店　一九五二、
五〇、五六、八〇年
『国語』上下　新釈漢文大系六六、六七　大野峻注釈　明治書院　一九七五、七八年

顧禄『清嘉録』中村喬訳注　平凡社　東洋文庫　一九八八年
『完訳　三国志』第四巻　小川環樹・金田純一郎訳　岩波書店　一九八三年
『詩経』上下　高田真治注釈　集英社　一九九六年
『詩経・楚辞』中国古典文学大系一五　目加田誠訳　平凡社　一九六九年
篠田統『中国食物史』柴田書店　一九七四年
司馬遷『史記』第一巻、第五巻、第六巻　塚本哲三編　有朋堂書店　一九二〇、二七、二二年
司馬遷『史記』一（本紀一）新釈漢文大系三八　吉田賢抗注釈　明治書院　一九七三年
司馬遷『史記列伝』第五巻　小川環樹・今鷹真・福島吉彦訳　岩波文庫　一九七五年
謝肇淛『五雑組』第五巻　岩城秀夫訳　平凡社　東洋文庫　一九九八年
周達生『中国』世界の食文化二　農山漁村文化協会　二〇〇四年
『春秋左氏伝』上中下　小倉芳彦訳　岩波文庫　一九八八、八九年
『春秋左氏伝』中国の古典シリーズ　竹内照夫訳　平凡社　一九七二年
『完訳　水滸伝』全十巻　吉川幸次郎・清水茂訳　岩波文庫　一九九八、九九年
『斉民要術』田中静一・小島麗逸・太田泰弘編訳　雄山閣出版　一九九七年

『戦国策』下　新釈漢文大系四九　福田襄之介・森熊男著　明治書院　一九八八年

宗懍『荊楚歳時記』守屋美都雄訳注　布目潮渢・中村裕一補訂　平凡社　東洋文庫　一九七八年

『蘇東坡詩選』小川環樹・山本和義選訳　岩波文庫　一九七五年

田中静一『一衣帯水——中国料理伝来史』柴田書店　一九八七年

張競『中華料理の文化史』ちくま新書　一九九七年

張岱『陶庵夢憶』松枝茂夫訳　岩波文庫　一九八一年

寺島良安『和漢三才図会』全十八巻　島田勇雄他訳注　平凡社　東洋文庫　一九八五〜九一年

『中島敦全集』第一巻　ちくま文庫　一九九三年

中村喬編訳『中国の食譜』平凡社　東洋文庫　一九九五年

中山時子監修・木村春子他編著『中国食文化事典』角川書店　一九八八年

ブリア＝サヴァラン『美味礼讃』上　関根秀雄・戸部松実訳　岩波文庫　一九六七年

マルクス・アウレーリウス『自省録』神谷美恵子訳　岩波文庫　一九五六年

村井弦斎『食道楽』（復刻版）柴田書店　一九七六年

『柳田國男全集』第二十五巻　ちくま文庫　一九九〇年
『礼記』上　新釈漢文大系二七　竹内照夫注釈　明治書院　一九七一年
李賀『李長吉歌詩集』上　鈴木虎雄注釈　岩波文庫　一九六一年
李瀚『蒙求』漢文叢書一　塚本哲三編　有朋堂書店　一九一九年
『論衡』下　新釈漢文大系九四　山田勝美注釈　明治書院　一九八四年

中文

于国俊・劉広偉・栾宝謙・李志剛主編『吃的学問』中国商業出版社　一九九四年
上海古籍出版社本社編『宋元筆記小説大観』上海古籍出版社　二〇〇一年
王一奇編『中国食品伝説』光明日報出版社　一九八六年
中国食品雑誌社編『中国名食集萃』中国展望出版社　一九八七年
北京民族飯店菜譜編写組編『准揚菜譜』中国旅遊出版社　一九八五年
李斗『揚州画舫録』楊家駱編　世界書局　一九七九年
李漁『閒情偶寄』作家出版社　一九九五年
朱介凡編『閒話吃的芸術』華欣文化事業中心　一九七八年再版

周三金編『中国名菜精萃』湖南科学技術出版社　一九九〇年

周亮工『閩小記』（瓜蒂庵蔵明清掌故叢刊）上海古籍出版社　一九八五年

周紫芝『竹坡詩話』四庫全書第一四八〇冊　上海古籍出版社

林苛歩編著『満漢全席記略』上海交通大学出版社　一九九五年

胡徳栄・張仁慶・銭鋒・戚雲龍編『金瓶梅飲食譜』経済日報出版社　一九九五年

郝懿行『蜂衙小記・燕子春秋・記海錯』魯迅輯校古籍手稿　第六函　上海古籍出版社　一九九一年

袁枚『袁枚全集』王英志主編　江蘇古籍出版社　一九九三年

陶文台『中国美食経』中国農業出版社　一九九五年

徐珂『清稗類鈔』台湾商務印書館　一九六六年

陳寿宏編著『名人膳食軼事趣聞』広西民族出版社　一九九二年

『酔菩提・三国因』罕本中国通俗小説叢刊第一集　王以昭主編　天一出版社　一九七四年

景麗娟主編『中国美食遊』中国友誼出版公司　二〇〇三年

張祖根・孟金松・王光武・陳秋生・胡建国編『蘇州教学菜譜』天津科学技術出版社　一九九〇年

張時徹等纂修『寧波府志』（明　嘉靖三十九年刊本）中国方志叢書　華中地方・第四九五号　成文出版社　一九八三年
楊家駱主編『飲饌譜録』世界書局　一九九二年
熊四智・李秀松・張廉明・邱龐同編著『烹調小品集』中国展望出版社　一九八六年
劉常明主編『中華美食伝説与烹飪』農村読物出版社　二〇〇一年
劉暢編著『中国飲食趣話』星光出版社　一九八六年
鄭燮著・王緇塵校『鄭板橋全集』中州古籍出版社　一九九二年
顔中其編注『蘇東坡軼事匯編』岳麓書社　一九八四年
戴寧主編・楊清副主編『杭州菜譜』浙江科学技術出版社　二〇〇〇年（三刷）
蘇軾『東坡志林』韓放主点校　京華出版社　二〇〇〇年
『蘇軾詩集』王文誥・馮応榴輯注　学海出版社　一九九一年三版
『蘇軾文集』孔凡礼点校　中華書局　一九八六年

英文

E.N. Anderson, *Food of China.* Yale University Press 1990

K.C. Chang, *Food in Chinese Culture.* Yale University Press 1977
Li, Shu Fan, *Hong Kong Surgeon.* Dutton 1964

なお、本文中の読み下し文および和訳で特に断わりのないものは、著者による。

文庫版増補

魯迅と楊梅焼

魯迅が日本に留学して仙台で医学を学んだ時、藤野厳九郎という解剖学の教授に親身の指導を受けたことは良く知られている。

その恩師を回想した随筆「藤野先生」は『朝《ちょう》花《か》夕拾《せきちゅう》』という本に入っているが、同書の「小引」の中で魯迅は郷里の食べ物について語る。

子供のころ故郷で食べていた野菜や果物、即ち菱角《ひし》だとか、羅漢豆《そらまめ》だとか、白茭*（真菰の芽）だとか、香瓜《まくわ》だとかを、何かの折にふと思い出すことが、これまでにしばしばあった。それらは、みなきわめて新鮮でおいしかった。みなかつては私に故郷を恋しがらせる魅惑であった。しかしその後、私は久しぶりにそれらを食べることが出来たが、別段何程の事もなかった。ところが記憶の上でのみは、いまだに昔のままの意味が残っている。彼等は私を一生涯欺《あざむ》きとおし、折にふれては私

の念頭に浮び上って来るのかも知れない。（『朝花夕拾』松枝茂夫訳 岩波文庫）

故郷の味を語る文学者は中国にも日本にも多いけれど、これは何とせつない文章だろう。

語り手は幼年時代の美しいものが幻であると正体を見窮《みきわ》めながら、その幻と交わりを断つことができない。たったこれだけの一節に、「過去」への深い洞察と言うにいわれぬ愛着が語られている。わたしなどは自分が以前翻訳したチャールズ・ラムの随筆をちょっと思い出す。

その魯迅の故郷は浙江省紹興、言わずと知れた紹興酒の名産地だ。『吶喊《とっかん》』に収められた短篇「孔乙己《こういっき》」は、けだし飲酒文学の古典の一つであるから、お読みの方も多いだろう。

この話は、「孔乙己」という仇名《あだな》の落ちぶれ果てた知識人が、人の笑い物になりながら酒場へ酒を飲みに来る様子を描く。貧乏な孔乙己は大家《たいけ》に泥棒に入って百叩きにされ、腿の骨が折れてしまう。それでも、ある日四つん這いになって酒を飲みに来たのを最後に姿を消してしまった。たぶん死んだのだろうと語り手は言う。

話の舞台になっている「咸亨酒店」は、御存知の通り、紹興を代表する酒場・レストランだが、ここの副総経理を務めた茅天堯氏という人が、『魯迅筆下的紹興菜』（寧波出版社　二〇一四年）という本を書いている。魯迅の文章に登場する郷里の食べ物を列挙して、写真入りで解説した本だ。

買って久しく積んだままにしておいたこの本をパラパラとめくっていたら、「楊梅焼」という項目が立ててあった。魯迅の日記中に、作家の郁達夫《いくたっぷ》（『日記十七』）や弟・周建人の奥さんがこの酒を持って来てくれた（『日記二十一』『日記二十三』）という記述があるからだ。

楊梅焼は焼酒楊梅、また簡単に楊梅酒ともいう。

浙江省、とくに紹興に近い簫山《しょうざん》一帯は古来楊梅（＝ヤマモモ）の名産地だ。日本で梅酒をつくるように、彼地では紹興糟焼に楊梅を漬けて楊梅焼をつくる。紹興糟焼というのは紹興酒の酒糟を原料にした一種の粕取《かすとり》である。

『魯迅筆下的紹興菜』によると、紹興のあたりでも夏の蒸し暑い頃にはこの粕取（焼酒）を飲む習慣があった。江戸時代の日本で夏場は焼酎や泡盛が好まれたのと一緒だろう。

楊梅の時季、酒飲みたちはこの果物をつまみにして焼酒を飲んだが、面倒くさいと思って楊梅を酒に入れてみたら、旨い酒ができたのが楊梅焼の始まりだそうだ。

この酒はわたしも一度飲んで、美味しいと思った。

あれは今から五年前の二月だったが、杭州を訪れて姪っ子や友人たちと雷峰塔を見物したあと、西湖の西の茅家阜という場所にある農家菜（農村料理）の店に入った。

庭の樹蔭のテーブルを囲んで味わった料理は、魯迅の作品にも出て来る醬鴨《ジャンヤー》や萵笋《ウォスン》（萵苣《ちしゃ》の薹《とう》）、胡瓜、笋《たけのこ》、空豆と雪菜、豚肉と干笋、干豆腐と韮等々。酒はビールを取り、メニューにあった「楊梅酒」も注文してみた。

それは琥珀《こはく》色の酒で、コップに並々とつがれて出て来た。ベースの焼酒が強いから、アルコール度数は五十度くらいある。甘酸っぱいヤマモモの味がする。

この酒は梅酒と同様、普通氷砂糖を入れてつくるという。そうすると甘さはつくる人次第だろうが、この店のは甘すぎなくて、結構イケる。二月の野天は少し寒かったが、身体がホカホカ温まった。

ヤマモモがどっさり手に入ったら、これはつくってみる価値がある。ホワイトリカーや日本酒の粕取でも、きっと旨いものができるだろう。

＊茭白の誤りか。

黍の黄酒

せんだって、行きつけのネパール料理店でネパールのラム酒「ククリ」を飲んでいた時、店のお哥《にい》さんに聞いてみた。

「ラムのほかに、ネパールにはどんな酒があるの？」

すると、「黍《きび》のお酒」という答が返って来た。それはネパール語で「コド・ラクシー」という。コドは黍、ラクシーは蒸溜酒の意味である。

甕《かめ》を二つ瓢簞《ひょうたん》のように重ねた格好の道具を使ってつくるそうだが、お哥さんはそのやり方を詳しく説明してくれた。

上下に重ねた甕の下の方には、黍を発酵させたものが入っている。上の甕には天辺に茶碗のような器がかぶさっていて、冷水を入れてある。その下にまた器が置いてある。下の甕を熱すると、酒の蒸気が天井にあたり、冷やされてポタポタと滴る。それが下の器に溜まって、ラクシーの出来上がりだ。

そのうち天辺の冷水がなくなるので新しい冷水を入れる。三回目に冷水を入れた頃が蒸溜のクライマックスで、度数四十度くらいの酒ができるそうだが、その後、酒は次第に薄くなり、せいぜい七回が限度だという。

こうして出来た蒸溜酒を、酒飲みたちは生《き》で呷《あお》る。

「黍の醸造酒はつくらないの？」

と聞くと、

「ヒマラヤの人は飲むけど、僕らは飲まない」とお兄さんは答えた。

米処《こめどころ》の日本にいると、雑穀の酒にとんと縁がない。

昔のことは知らないが、現在日本で飲める穀類の醸造酒は、どぶろくも含めて米の酒ばかりである。けれども、ちょっと国外へ出れば、粟《あわ》や黍でも美味しい酒ができることがわかる。

たとえば、台湾へ行かれた読者の中には、「小米酒」という粟の酒（中国語で小米は粟だ）を試してみた方もおありだろう。わたしが「甫里小吃」という店で飲んだものはかなり甘口だったが、悪くなかった。

大陸の山東省に目を向けると、青島の銘酒に「即墨老酒」という黍の酒がある。墨のように黒く、やや甘口で、これは中々美味い。

山東省は高粱《こうりゃん》でつくる白酒だけでなく、古来黍酒の産地だった。

ノーベル賞作家の莫言氏は山東省の青島に近い高密県の出身だ。

氏の作品の多くは故郷高密県を舞台としている。その一つに『白檀の刑』という時代小説がある。

これは清朝末期、ドイツが山東省に勢力を張りつつあった頃の物語だ。

主人公の孫丙はドイツ人の暴虐に憤り、鉄道敷設現場を襲って人質を取ったりするが、結局官憲に捕らえられる。

清朝政府は北京から趙甲という西太后お気に入りの処刑人を遣《つか》わし、白檀の刑という秘技を用いて孫丙を殺させる。これは残虐な極刑だが、残虐な趣向があまりに凝《こ》りすぎていて、ファンタジーの域に達している。

ところで、孫丙には眉娘《びじょう》という娘があった。

彼女は町に小さな飲み屋を開き、

県城の人々に燗《かん》した黄酒《ホワンヂョウ》と熱々の犬肉を供した。亭主がのろまで、女房は色っぽく、美人がお相手とくれば、商売は繁盛する。町の若い不良どもは、多少ともおこぼれにありつこうとしたが、どうやらまだ誰も思いを遂げてはいないらしい。孫眉娘にはあだ名が三つあった――大足仙女、半端美人、犬肉小町である。

（『白檀の刑』上　吉田富夫訳　中公文庫）

この孫眉娘はかねてから高密県知事・銭丁と密通を重ね、いつも美味しい黄酒と犬肉を手土産に役所へ通って来る。それで父親の助命を知事に頼むのだが、断られる。

わたしは最初この小説を読んでいて不思議に思った。

中国語の「黄酒」は、黄色や茶色の醸造酒全般をいう。御存知の紹興酒は糯米《もちごめ》を原料とする黄酒の一種だ。北京の貴人や金持ちが南方から紹興酒などを取り寄せて飲んでいたことは周知の通りであるが、山東省の田舎町で一酒舗が供するほど、南方の米の酒は流通していたのだろうか？

その謎は第十二章に至って氷解した。

次に引くのは、銭丁が公用で高密の近くの村へ行くくだりである。

陽が西に沈む頃、一行は平度《へいど》県の県境に入り、前丘《ぜんきゅう》という小さな村で裕福な家を見つけて馬どもに餌をやり、食事をした。主人は白髪の老秀才で、知事を鄭重にもてなし、煙草やお茶を勧めたうえに、ご馳走まで出してくれた——野兎と赤蕪《あかかぶ》の煮こみや白菜と豆腐の煮物に、キビで造った黄酒《ホワンヂョウ》。（『白檀の刑』下　中公文庫）

そう、犬肉小町の黄酒もこれ、黍酒なのだ。

燗をつけるチロリからプンと立ちのぼる黍の香りを想像して、わたしは急に一杯やりたくなった。

酒虫と消麺虫

この三年間、コロナのせいで外食の機会が減ったことはわたしも御同様で、そのため夕食どきにはあまり酒を飲まず、取り寄せたブランデーや中国酒を寝酒にチビチビやるようになった。

前回「即墨老酒」のことを書いたら、急にこの酒が飲みたくなった。

前に飲んだのは東京の中華料理屋でだったが、売っているところはあるかしら。調べてみると、横浜の酒屋さんが扱っているので、さっそく代引きで二本送ってもらった。

冷やでコップに注《つ》ぐと、色は墨のように黒い。やや甘口で、焦がしたような味と香りがする。わたしは昔飲んだ「福建老酒」という酒を思い出した。こちらは糯米が原料の酒だが、ちょっと似ている。しかし、「即墨老酒」の方がやや淡白で、アルコール度数も十一・五度と低い。

ラベルを見ると、産地は青島市即墨区となっている。墨のような色だから「即墨」というのかと思ったが、これは地名であった。

さて、前回引用した莫言氏の『白檀の刑』は清朝末期を舞台にした時代小説だが、山東省の黍酒は現実の清朝に書かれた古典にも出て来る。

その古典とは『聊斎《りょうさい》志異《しい》』だ。

お化け話が好きな人はもちろん御存知だろう。中国の怪談文学の雄と言うべきもので、柴田大馬の翻訳によって我が国でも親しまれ、作家の田中貢太郎はこれを換骨奪胎した作品をいくつも書いた。安岡章太郎には『私説聊斎志異』という小説があるし、近いところでは小林恭二氏が『本朝聊斎志異』というのを書いている。

作者の蒲《ほ》松《しょう》齢《れい》（一六四〇－一七一五）は山東省淄川県（現・淄博市）出身の文人で、科挙を何度も受けたが、試験運が悪く、いつまで経っても上手く行かなかった。その間に書きためた怪談集が『聊斎志異』で、収められている作品の数は数百に及ぶ。

その一つ、「酒虫《しゅちゅう》」はこんな話だ。

長山県（山東省鄒平《すうへい》）の劉なにがしは、まるまると肥っていた。酒好きで、一度飲み出すと一甕空けてしまうのが常だった。城外に三百畝《ほ》あまりの田畑を持っていて、その半ばに酒を醸《かも》すための黍を植えていた。

（『聊斎志異』下　立間祥介訳　岩波文庫）

ある時、「異人の僧」がやって来て、劉の顔を見て言う。

「何かおかしなところがおありでしょう」

「いや」

「いくらお飲みになっても、酔わないとかいうことはありませんか」

「そう言えばそうだ」

「それは酒虫のせいです」（同）

驚いた劉が治療できるものだろうかと聞くと、僧は劉をうつ伏せに寝かせて手足を縛りつけ、「顔の先三尺ばかりのところにうまい酒を入れた椀を置いた。」

やがて劉は喉がカラカラに乾いた。

目の前にある椀からは芳しい酒の香りが漂って来る。どうにも堪えられなくなった時、「喉の奥が急にむずむずしたかと思うと、わっと何かを吐き出し、それがもろに酒のなかに落ちた。」

縄を解かれ、つくづく見てみれば、長さ三寸ばかりの赤い虫が魚のように酒の中を蠢いていた。目も口も揃っている。（同）

劉は驚いて僧に礼金を差し出したが、僧は受け取らず、その代わりに虫を持って帰った。その虫は酒の精で、水を入れた甕に入れてかきまわせば、うまい酒になるというのだ。

それ以来、劉は酒が嫌いになったが、身体は次第に痩せ細った。もともと素封家だったのに家も傾き、三度の飯にも困るようになったとある。

酒虫はどうやら福虫でもあったらしい。

『聊斎志異』の怪談には古い志怪や伝奇を種にした小説もあれば、人から聞いた奇談を、あまり手を加えずに書き留めたようなものもある。後者は大体短い話である。「酒虫」も短いには短いけれども、どちらの部類に属するかわからない。というのは、『宣室志』という唐代の書物に、これとよく似た話が出て来るからだ。その話は「消麺虫《しょうめんちゅう》」という。岩波文庫の『唐宋伝奇集』下（今村与志雄訳）に入っていて、麺類の好きなわたしは、若い頃この文庫本を読んだ時、何と奇天烈《きてれつ》な内容だろうと思った。

粗筋をいうと、こんな具合である。

呉郡（現在の蘇州）に陸顒《りくぎょう》という人が住んでいた。家は代々科挙の試験に受かった読書人で、彼も試験を受けるため長安に上京し、太学《たいがく》と呼ばれる学校にいた。すると胡人（西域の人間）が数人、酒や肴を持って学校に訪ねて来た。かれらは中華の文物を学びに来ているが、顒の風采が堂々としていかにも学者らしいので、おつきあいしたいという。

それから時々互いに宴を開いたが、胡人たちが贈り物をしたりするので、何か魂胆がありはせぬかと顒は疑い、郊外へ引っ越した。だが、胡人たちはそこへも訪ねて来て、「あなたは、麺がお好きですか？」と問うた。

じつは顒は幼い時から麺が好物だったが、たくさん食べれば食べるほど身体がますます痩せるのだった。

「そうです」と答えると、胡人は言った。

「麺を食べるのは、あなたではないのです。あなたの腹の中にいる一匹の虫です。これから、薬を一粒、あなたにさしあげたいと思います。お飲みになれば、虫を吐き出すでしょう。そうしたら、わたしどもは、高額でお取りかえします。よろしいですか？」（前掲書）

顒が承知して薬を飲むと、しばらくたって虫を一匹吐き出した。長さは二寸ばかり。色が青く、形は蛙に似ていた。

胡人が言った。

「この虫の名は、消麺虫《しょうめんちゅう》といいまして、まったく天下に稀な宝物です」（同）

胡人によれば――

「そもそも、この虫は、天地中和の気を稟《う》けて生じました。だから麺をよく食うのです。というのは、麦は、秋から植えはじめて、翌年の夏季になって実ができます。天地四季のすべての気を受けておりますから、その味を好むのです。麺を食べさせてごらんなさい。それが分ります」

顒は、すぐさま、麺を一斗あまりその前に持ってこさせると、虫は食べはじめて、立ちどころに食いつくしてしまった。（同）

虫は不思議な力を持っており、これを用いると人間界はもとより仙界の秘宝まで手に入る。胡人は顒に厚く礼をしたので、顒は金持ちになる。

西域との交流が盛んになった唐代には、いわゆる胡人と宝物をめぐる説話が広まった。この種の話は「胡人採宝譚」と呼ばれ、石田幹之助が『長安の春』に詳しく論じている。「消麺虫」もこの類型に属するものだ。

わたしが『唐宋伝奇集』を初めて読んだ時、すぐに思い浮かべたのは落語だった。「蕎麦の羽織」「そば清」「蛇含草」などと呼ばれる話だ。

ある男が山中で、蟒《うわばみ》が人を呑むところを目撃する。蟒がそばに生えている草を舐めると、ふくらんだ腹がスッとへこんだ。

なるほど、あれは良く効く消化剤なのだと思って、男はその草を持ち帰る。

そのあと蕎麦の大食いをして、パンパンに張った腹を楽にしようと、例の草を舐めてみる。ところが、それは消化剤でなく人間を溶かす草だったので、羽織を着た蕎麦だけがあとに残った。

この話の男は、蛇含草でなく消麺虫を服するべきだったのだ、とわたしは思った。「麺」とはてっきり蕎麦やうどんのようなヌードルだと決めつけていたからである。

だが、御存知のように、中国語の「麺」は小麦粉の生地及びそれで作る各種の食品をいい、必ずしも長いヌードル（麺条《ミエン・ティアオ》）とは限らない。今、本文を読み返すと、どうもそれとは違うような気がする。

一方、話の主人公陸顒《りくぎょう》が呉郡（蘇州）の人だということにも、今初めて気がついた。

じつは、蘇州は麺条の美味しいところだ。以前、衛星放送の番組で「朱鴻興麺館」という店を取材したことがあるが、この街の排骨麺、爆鱔《タウナギ》麺など、わたしは大好きである。

不思議な暗合だけれども——まさかネ。

解説

平松洋子

大事なのに、もう三十年以上、宝の持ち腐れになっている土鍋がある。中国から抱えて持ち帰った汽鍋。当時、アジアの調理道具と食文化の関係を繙《ひもと》くことに夢中だった私は、雲南料理「汽鍋鶏」をつくる珍奇な鍋に挑む欲望を抑えられず、北京で発見するなり飛びついて買い求めたのだった。

鍋底から一本、細長い煙突が立ち上がる特殊な構造で、鶏のぶつ切り、金華ハム、椎茸《しいたけ》、葱《ねぎ》、生姜《しょうが》などを入れて蓋《ふた》をし、湯がぐらぐらに沸騰している土鍋の上に置く。下から上がってきた蒸気が、汽鍋の底部の煙突を通して内部に溜まってゆく仕組みだ。汽鍋の蓋には紙を貼り、下の土鍋との間は布巾で覆い、ゆめ一滴も蒸気を逃さないための厳重装備。あの、坊さんも塀を跳び越えてやってくるほどうまいとされる福建省発祥の名菜「佛跳牆」にも一脈通じる調理法だが、汽鍋のほうは水を使わず、蒸気をイチから集めてスープに仕立てるのだから、執念深いというか陰気というか、かなりの奇想ではある。

結論を言えば、いっぺん使って疲労困憊《こんぱい》。それ相応のスープが溜まって鶏がほろりと柔らかくなるまで七、八時間の旅路を要した。無謀だった、と早々に悔やんだけれど、引き返すのもくやしい。汽鍋の内部に溜まったスープは二カップにも満たず、なかば溜息がでた。しかし、熱い汁から滾々《こんこん》と湧き上がる清澄風雅な風味は、いまも脳髄に染み込んで忘れられないのである。

　例えばそんな格別の料理が、中国全土には星の数ほど散らばって星座をなしている。稀少な素材に技巧を凝らした名菜の類いはもちろん、各地に点在する小吃《しょうきつ》、素朴な家常菜にいたるまで数限りない。私など、出会えば出会うほど「これも知らなかった、あれも知らなかった」と不明を恥じ、驚嘆したり震撼したり、いちいち蒙を啓かれてばかりだ。じつのところ、歴史と気候風土と文化、そして人智によって壮大な食の創造物を生み出してきた中国の食の世界には、大海を泳ぎ渡るというより、底なし沼にずぶずぶ溺れるような畏怖の感覚が先立つ。

　本書の著者、南條竹則氏は、脳髄と舌と胃袋を縦横に連動させながら中華料理の深遠に分け入り、彼の地の食や酒、文学にまつわる書物を著してきた方である。私は

『中華満喫』『中華美味紀行』などを通じて氏の著作に触れてきたのだが、迂闊《うかつ》にも、当初はてっきり中国文学の研究者だと思い込んでいた。ところが、そもそもの専門分野は西洋古典、氏の背景にはフランス文学、幻想文学、翻訳などの厚い積層があることを知って驚かされ、手前勝手に納得もした。洋の東西を問わず、異文化を理解し、咀嚼《そしゃく》してみずからの言葉に置き直す作業は翻訳に連なっているのではないか。異国の食の様相に接するとき、おおいに手助けとなる想像力の羽ばたきは幻想文学にも繋がっているのではないか、などと。さらに、氏の中国文学に対する造詣は、中華料理への並外れた好奇心や愛情によるものだったと知るにつけ、文食両道の健啖《けんたん》ぶりにひれ伏さずにはいられない。

　さて、本書は蘊蓄《うんちく》の披瀝でもなければ、料理通の知識や経験自慢でもない。著者の眼目は、さまざまな素材や調理技術や味が、文人たちの心身をどのように通過し、震わせ、動かしてきたか、この点にある。そもそも中華料理には人物名を冠した料理が多く、東坡肉の蘇東坡、麻婆豆腐の〝麻婆〟、茘枝《レイシ》を好んだ楊貴妃、美食によって長寿を追い求めた西太后、酒仙と呼ばれた詩人、李白……食と人間との関わりが濃く、熱い。飲み食いにまつわる欲望や執着、あるいは臆面のなさは、中国に生きる人々の強靭《きょうじん》な生命力の証である。本書で取り上げる話題にしても、東坡肉、果物のように甘い大根、スッポン、なまこ、鯉、チャプスイ、馬肝、犬、ひと筋縄ではいかない素材や料理ばかり。文人ならば、筆にのせてみたくなるのは至極当然。言葉もまた文学表現における欲望のかたちに違いない。

いずれの章もすこぶる刺激的なのだが、とりわけ情趣に富む一編として「鯉」を挙げたい。冒頭、中島敦「聘珍楼雅懐」に登場する短歌を引いて宴席料理の魅力を謳い、自身と鯉料理とのさまざまな縁について綴り、『詩経』に登場する鯉の詩、「登龍門」の故事、『中国名菜精萃』『満漢全席記略』『随園食単』などの料理書を繙きながら鯉料理を多角的に描く。そして、東京の信濃町の店で遭遇した意外なひと皿を締めくくりに措《お》くのだが、人を食ったような、しかし、あたかも水中に消えた魚影を追うような、得も言われぬ心地に誘い込まれ、鯉料理の余韻をふくらませる。

随所に差し挟まれる著者自身の体験や記憶も、体温のぬくもりを醸しだす。「自分がかつて食べた物のことをくどくど書いているのが気になった。こんな、自分の思い出語りなどは、料理通の人にとっては少しも面白くない話で、いっそ全部削ってしまおうかとも思った」（あとがきにかえて）と率直に書かれているが、ちっともそうは思わない。

たとえば、スッポン料理について語る「覇王別姫」。中国の書物『春秋左氏伝』『江陵県志』『随園食単』『満漢全席記略』『中華美食伝説与烹飪』『閒情偶寄』、あるいは木下謙次郎『美味求真』を取り上げ、スッポンの卵について「特別美味なるものにして、卵の何物も之に比すべきものなし」（『美味求真』）と紹介するのだが、この一文に小岩「楊州飯店」での著者の記憶が呼応する。

「テーブルの上にグラスが置いてあった。中に白く半透明な丸い物体が入っている。何かときくと、卵の酒漬けだという。たぶん白酒に漬けてあったのだろう、相当にアルコールがきいていて、ブランデー入りのボンボンのようだった。子供の頃に還った心地がした」

ブランデー入りのボンボン！　なんと美しく心弾む比喩だろう。愛らしい小珠のようにころころ、ぽろりぽろりと転がるスッポンの卵の美点を言い表して見事だ。そして、「子供の頃に還った心地がした」の一文は、ナマコを語る次章「一字乾坤」に登場する「おやすさん」の記憶に共振する。このような響き合いもまた、読書がもたらす愉楽。ときおり現れる庶民の姿、繁華な街の立ち飲み酒場や店主、たまたま隣り合わせた人物にいたるまで、人々を筆にのせるときの分け隔てのなさはとても風通しがいい。

締《し》め括《くく》りに措かれた「憎い敵を食べる話」では人肉食について語るのだが、背筋がぞくりとする残忍さ、執念深さ、奇抜さは、著者の思惑通り、中国における食の一面が提示される。また、終章「袁枚《えんばい》と王小余《おうしょうよ》」では、『随園食単』を著した文人、袁枚の文章を著者みずから翻訳、その人物の本質に迫っている。

料理人、王小余は言う。

「いわゆる知己なるものは、その長所を知るだけでなく、短所も知る人をいうのです。旦那様はいつもかならず私を斥《せ》め、わたしを難じ、わたしをそしり、しかもそれがみな、わが心の密《ひそか》にとがめるところを突いています。これすなわち、美誉の苦、厳訓の甘にしかずというもの。わたしの技量は日に進みます」

優れた料理人から袁枚が学んだ多くの事柄は、食べものを調《ととの》えるうえでの重要な理でありながら、人生を磨く処方にも相通じている。文人たちが食にまつわる事柄を好んで書き著す意味のひとつは、ここにあるのではないか。

すっかり宝の持ち腐れになり果てている私の汽鍋にしても、かつて雲南省の料理人か美食家による創意工夫のたまものとして見れば、がぜん人間味を帯びて愛おしい。天にあっては煌《きら》びやかな星々、地にあっては底なし沼。中華料理は、有名無名を問わず、この世に生を享けた人々の手によるかけがえのない創造物だということを、本書は懇切丁寧に教えてくれる。

（ひらまつ・ようこ　作家）

底本
『中華文人食物語』集英社新書　二〇〇五年五月

編集付記
本書は『中華文人食物語』を底本とし、「魯迅と楊梅焼」「黍の黄酒」「酒虫と消麺虫（前編・後編）」（春陽堂書店ウェブサイト「文豪と食」掲載）を増補したものである。

中公文庫

中《ちゅう》華《か》文《ぶん》人《じん》食《たべ》物《もの》語《がたり》

2024年6月25日　初版発行

著　者　南《なん》條《じょう》竹《たけ》則《のり》

発行者　安部順一

発行所　中央公論新社
〒100-8152　東京都千代田区大手町1-7-1
電話　販売 03-5299-1730　編集 03-5299-1890
URL https://www.chuko.co.jp/

DTP　嵐下英治
印　刷　三晃印刷
製　本　小泉製本

Published by CHUOKORON-SHINSHA, INC.
Printed in Japan　ISBN978-4-12-207532-0 C1195

中公文庫既刊より

各書目の下段の数字はＩＳＢＮコードです。978－4－12が省略してあります。

き-15-12
食は広州に在り
邱　永漢

美食の精華は中国料理、そのメッカは広州である。広州美人を娶り、自ら包丁を手に執る著者が、蘊蓄を傾けて語る中国的美味求真。〈解説〉丸谷才一

202692-6

き-15-19
邱飯店交遊録　私が招いた友人たち
邱　永漢

自宅に招いた客人とメニューの記録三十年分を振り返る愉快な交遊録。檀一雄が最初に来た日の「野鶏巻」と安岡章太郎のお気に入り「芋頭扣肉」のレシピ、人名索引付。

207257-2

た-34-5
檀流クッキング
檀　一　雄

この地上で、私は買い出しほど好きな仕事はない――という著者は、人も知る文壇随一の名コック。世界中の材料を豪快に生かした傑作92種を紹介する。

204094-6

た-33-24
美味礼讃（上）
ブリア＝サヴァラン
玉村豊男 編訳・解説

美食家としての情熱と蘊蓄を科学的知見をもとに掘り下げ、食べることが人間と社会にとっていかに重要であるかを説いた美味学の原典。新編集による決定版。

207018-9

た-33-25
美味礼讃（下）
ブリア＝サヴァラン
玉村豊男 編訳・解説

新しい料理の発見は人類の幸福にとって天体の発見以上のものである――。原著『味覚の生理学』が、大胆な編集と平易な訳文、親しみやすい解説で新たに甦る。

207019-6

モ-9-1
白檀《びゃくだん》の刑（上）
莫《モオ》　言《イエン》
吉田富夫 訳

膠州湾一帯を租借したドイツ人に妻子と隣人の命を奪われた孫丙は、復讐として鉄道敷設現場を襲撃する。哀切な猫腔の調べにのせて花開く壮大な歴史絵巻。

205366-3

モ-9-2
白檀の刑（下）
莫　言
吉田富夫 訳

捕らわれた孫丙に極刑を下す清朝の首席処刑人・趙甲。生涯の誇りをかけて、一代の英雄にふさわしい未曾有の極刑を準備する。現代中国文学の最高峰、待望の文庫化。

205367-0